Shirley Watts

Kreuzstichmuster selbst entwerfen

Shirley Watts

# Kreuzstichmuster selbst entwerfen

Eigene Ideen umsetzen
Zählvorlagen für alle Beispiele

Augustus Verlag

*Für Tante Lilian, die meine Liebe für Blumen, Vögel und alle anderen Tiere in der Natur teilt.*
*Ihr Mut und ihre Entschlossenheit, nach ihrem Unfall*
*wieder volle Bewegungsfähigkeit zu gewinnen, waren für uns alle ein Vorbild.*

Wichtiger Hinweis

Alle Muster dieses Buchs wurden mit DMC-Garnen gestickt. In den Tabellen werden jeweils die verwendeten Farben mit den entsprechenden Farbnummern bei Anchor oder Madeira oder im Einzelfall auch Dänischem Blumengarn angegeben. Allerdings gibt es bei jeder Marke leichte Abweichungen in den Farbtönen, und Sie werden auch feststellen, daß es manchmal notwendig war, für zwei nahe beieinanderliegende Töne bei DMC dieselbe Farbnummer einer anderen Garnmarke zu verwenden.

Die englische Originalausgabe erschien bei Merehurst Ltd. unter dem Titel:
Create Your Own Cross Stitch


Übersetzung aus dem Englischen: Eva-Maria Müller, Augsburg
Fotografie: Lucy Mason
Die Fotos auf den Seiten 52, 70, 73, 82, 83, 84, 88, 90, 111, 118 und 122 stammen von der Autorin.
Lektorat der deutschen Ausgabe: Helene Weinold
Umschlaggestaltung: Christa Manner (unter Verwendung des Originalumschlags)
Layout: Maggie Aldred

Augustus Verlag Augsburg 1995


Satz: satz-studio gmbh, Bäumenheim
Reproduktion: Fotographics Ltd., London – Hong Kong
Druck und Bindung: Himmer, Augsburg

Gedruckt auf 120 g umweltfreundlich elementar chlorfrei gebleichtem Papier.

ISBN 3-8043-0344-7

Printed in Germany

# *Inhalt*

# *Einführung*

Meine erste Begegnung mit Kreuzstickerei geht in das Jahr 1956 zurück, als ich als Teenager im Rahmen einer Schulausflugs Österreich besuchte. Eine unserer Stationen war auch Innsbruck, und dort entdeckte ich einige herrlich gearbeitete Kreuzstickereien in einem Schaufenster. Wie es mir gelang, mich verständlich zu machen, kann ich mich nicht erinnern, aber ich kam triumphierend aus dem Geschäft – in der Hand einige selbst gezeichnete Muster traditioneller Motive. Nach meiner Rückkehr stickte ich sie peinlich genau nach, wobei das größte Projekt ein breites Band war, mit weißem Garn um den Saum eines roten Kleids gestickt. So begann also meine Faszination für den Kreuzstich.

Kreuzstichmuster hat man seit Jahrhunderten in der ganzen Welt erdacht und ausgearbeitet. Obwohl der Grundstich derselbe geblieben ist und obwohl sich bestimmte geometrische und gegenständliche Motive in unterschiedlichsten Landstrichen finden, besitzt jede Region ihren eigenen, unverkennbaren Stil. Und jede Generation hat traditionelle Motive neu interpretiert.

Meine Arbeiten sind in starkem Maß von der Natur inspiriert – von Blumen und Tieren, die auf der Britischen Insel heimisch sind. Diese Inspirationsquelle teile ich mit zahlreichen Designern vor mir, aber ich glaube und hoffe, daß in der Interpretation des Dargestellten sich meine Entwürfe klar als die meinigen auszeichnen. Viele meiner Motive beruhen auf Zeichnungen, die ich nach Fotos aus der freien Natur gemacht habe. Die Farben und Formen von Blumen, Früchten und Samen können mit guten Fotografien naturgetreu erfaßt werden, viele Vögel, Insekten und andere Tiere sind aber so schlecht festzuhalten, daß nur im Film eine wirklichkeitsnahe Wiedergabe möglich ist. In Kreuzstichtechnik können Dreidimensionalität und der Eindruck von Bewegung nur durch genaue Beobachtung und sorgfältige Wahl der Farben erzielt werden, insbesondere um Licht und Schatten herauszustellen.

Naturgetreue Farbwiedergaben sind mit dem üblichen sechsfädigen Garn häufig nur schwer zu erzielen. Wie oft habe ich versucht, für ein Blütenblatt den richtigen Farbton im Garn zu finden! Aus diesem Grund habe ich zum Beispiel manchmal Blumengarn verwendet. Dessen matte Oberfläche und feine Schattierungen machen es ideal für Stickereien von farblich delikaten Blüten, Früchten und Blättern. Umgekehrt habe ich für manche Entwürfe glitzernde Fäden verwendet, um beispielsweise den Eindruck von Sonnenlicht auf einer Wasseroberfläche, von Mondlicht auf Reifkristallen zu erwecken, das Irisieren einer Vogelfeder darzustellen oder einfach nur, um dem Motiv einen gewissen Zauber zu verleihen.

Ich habe keine Ausbildung in Stickerei, Kunst oder Design, sondern habe einen Großteil meines Lebens Geographie und Geologie unterrichtet. Die wertvollste Schule für mich waren meine Eltern. Schon in ganz frühen Jahren brachte mir mein Vater bei, im Freien zu zeichnen. Von ihm lernte ich, genau zu beobachten, Umrisse und Formen sowie Licht- und Schattenpartien der dargestellten Objekte genau zu übertragen. Auch maßstäbliches und perspektivisches Zeichnen brachte er mir bei. Sobald ich alt genug war, zeigte er mir den Umgang mit einer Kamera, erklärte mir Filmempfindlichkeit, Belichtung und Bildkomposition. Von meiner Mutter lernte ich, richtig mit einer Nadel umzugehen, und sie trug Sorge, daß ich nicht nur nähen konnte, sondern auch über eine ganze Palette handwerklich-dekorativer Techniken verfügte. Damit muß ich aber gleichzeitig betonen, daß für die Arbeiten dieses Buches keine künstlerische Begabung oder bestimmte Vorkenntnisse erforderlich sind. Beginnen Sie mit ein paar einfachen Ideen, alles anderere können Sie dann allein durch Übung erreichen.

Manche meiner Praktiken sind unkonventionell, was vielleicht an meiner unorthodoxen Schule liegt. Zum Beispiel verwende ich eine gewöhnliche Nähnadel für die Kreuzstickerei, weil ich nicht finden kann, daß Sticknadeln in irgendeiner Weise leichter durch die richtigen Löcher des Stramins zu führen sind. Auch ist eine stumpfe Sticknadel beim Vernähen der Fäden auf der Rückseite unpraktisch, insbesondere, wenn die Arbeit sehr fein ist. Eine andere Besonderheit ist, daß ich nie Stickrahmen benutze. Ich finde sie sperrig, und zudem können sie leicht splittern oder Streifen auf dem Stoff zurücklassen. Wie die traditionellen isländischen Teppichweber mag ich es, den Stoff in Falten in meiner Hand zu spüren. Solange die Hände sauber und fettfrei sind, brauchen Sie nur ein gutes Bügeleisen, mit dem Sie zum Schluß wieder den ursprünglichen Zustand herstellen.

An den Beginn dieses Buches habe ich einige sehr einfache, aber hübsche Gestaltungsideen gestellt, für die Sie weder Kenntnisse im Zeichnen noch im Fotografieren benötigen. Der erste Teil des Buchs behandelt die Grundtechniken. Ab dem Kapitel „Gartenblumen" werden die Entwürfe nicht unbedingt kontinuierlich schwieriger, aber es kommen neue Ideen, Techniken und Themen hinzu, von denen ich hoffe, daß sie breiten Anklang finden werden. Wenn Sie noch nie versucht haben, eigene Entwürfe für Kreuzstickerei zu skizzieren, dann haben Sie jetzt Gelegenheit dazu. Die Genugtuung, selbst zu entwerfen und nach diesen Entwürfen zu arbeiten, ist spannend und lohnend zugleich.

Viel Spaß beim Sticken!

Shirley Watts

# *Grundausstattung zum Entwerfen*

Informationen zu Stoffen, Garnen und zur Fotoausrüstung finden Sie weiter hinten im Buch. Hier ist zunächst eine Materialliste zum Entwerfen und Anfertigen von Kreuzstichmustern.

*Zeichenpapier, Bleistifte (HB), Bleistiftspitzer und Radiergummi*
Am Beginn eines eigenen Kreuzstichmusters steht eine Skizze des Motivs. Hierfür habe ich immer einen Vorrat an billigem Zeichenpapier für Versuche oder auch ganz einfache Zeichnungen zu Hause. Ich verwende Bleistifte der Härte HB, die für diese Art von Zeichnungen am besten geeignet sind, und ich habe immer Bleistiftspitzer und Radiergummi zur Hand.

*Aquarellkasten und Farben*
Bei komplexeren Darstellungen ist, falls es die Zeit erlaubt, ein Entwurf in Aquarelltechnik sehr nützlich. Ein kleiner Kasten mit guten Aquarellfarben und zwei oder drei gute Pinsel sind ausreichend für diesen Zweck.

*Kamera*
Ein einfacher Fotoapparat, mit dem auch Nahaufnahmen gemacht werden können, ist ein nützliches Hilfsmittel. Zusätzlich benötigen Sie ein Aufbewahrungssystem nach Ihrer Wahl, um Ihre Fotokollektion für Vorlagen von anderen Aufnahmen getrennt halten zu können.

*Blumenpresse*
Ich besitze eine kleine Blumenpresse, die ich im Urlaub mitnehme, und eine größere für zu Hause.

*Acetatfolie*
Es ist fast unmöglich, mit normalem Pauspapier von Fotos durchzupausen. Mit Acetatfolie kann man alle Details klar erkennen. Allerdings benötigen Sie hier zum Zeichnen Filzstifte für Overhead-Projektoren. Die wasserbeständigen sind sauberer und schmieren nicht, die wasserlöslichen allerdings sparsamer im Verbrauch, weil Sie Ihren Entwurf wegwischen und dieselbe Folie mehrmals verwenden können.

*Transparentpapier*
Zunehmend ist kariertes Transparentpapier in unterschiedlichsten Karogrößen im Handel erhältlich. Das hat den Vorteil, daß Sie einen Entwurf anfertigen können, der mit der Dichte Ihres Stramins – 44, 56, 64, 72 oder 88 Fäden/10 cm zum Beispiel – und somit der Größe Ihrer Stickerei genau übereinstimmt. Problematisch wird es allerdings bei engen Rastern, weil die Quadrate dann winzig sind und es schwierig wird, Symbole oder auch nur Farben einzutragen. Ich bevorzuge die Größe mit 40 Quadraten pro 10 cm, aber natürlich gibt es hier individuelle Vorlieben.

*Taschenrechner*
Sehr nützlich zur Berechnung der Endgröße Ihrer Stickerei bei unterschiedlicher Rastergröße Ihres Entwurfs.

*Gerastertes Papier*
Wenn Sie weißes Papier hinter Ihr Transparentpapier legen, können Sie direkt nach diesem Muster arbeiten. Wollen Sie allerdings Ihren Entwurf aufbewahren, ist es angenehmer, ihn sauber auf gerastertes Papier zu übertragen. Sollten Sie das Entwerfen ernsthafter betreiben wollen, könnten Sie auch einen Computer anschaffen. Es sind inzwischen mehrere Computerprogramme für Kreuzstichentwürfe auf dem Markt, lesbar für eine Vielzahl von Computern.

*Lineal, Winkelmesser, Zirkel*
Für unterschiedlichste Formen und Größen und verschiedenste Zwecke ist ein einfaches Geometrie-Set unerläßlich.

*Garne*
Mit wachsender Zahl der Stickereien und Entwürfe wird auch Ihr Vorrat an sechsfädigem Garn größer werden. Probieren Sie aber immer auch neue Arten von Stickgarn aus. Im Buch werden Blumengarn und Metallfäden eingesetzt und erklärt.

*Nadeln*
Für Kreuzstich auf Leinen und Stramin werden stumpfe Sticknadeln in Stärken von 18 bis 26 empfohlen.

*Schere*
Zum Schneiden des Stoffs benötigen Sie eine scharfe Schneiderschere. Eine kleine, spitze Stickschere ist zum Abschneiden der Stickfäden wichtig.

*Stoff*
Für Anfänger ist cremefarbener oder weißer Aida-Stoff mit 56 Stichen/10 cm (Stern-Aida) ein sehr vielseitiges und geeignetes Material. Mit zunehmender Übung und Experimentierfreude wird sich der Vorrat zweifellos um einige Farben und unterschiedliche Dichten erweitern.

*Licht*
Eine helle Lichtquelle ist entscheidend, wenn Sie Ihre Augen während längerer Stickperioden schonen wollen. Unschätzbar ist eine Leuchtlupe für kleine Arbeiten. Und an düsteren Tagen oder bei abendlichem Sticken finde ich eine „Tageslichtlampe“ sehr nützlich.

Genaue Anleitungen, Erklärungen und Zeichnungen zu den Grundstichen – Kreuzstich, Rückstich und Dreiviertelstich – finden Sie auf S. 126.

# BLATTMOTIVE

Ein einfaches Motiv aus der Natur ist ideal, um mit eigenen, individuellen Kreuzstichmustern zu beginnen. Bevor Sie jetzt einwenden „Ich kann aber nicht zeichnen“, sollten Sie einige Versuche mit Herbstblättern unternehmen. Aus nur einem Blatt kann ein attraktives Rapport-Muster entstehen, zum Beispiel auf einem Gästehandtuch. Mit mehreren Blättern unterschiedlicher Farben und Formen können Sie ein komplizierteres Motiv für ein Tischset entwerfen.

# *Einfaches Blattmotiv*

**Vorbereitung**

Sammeln Sie verschiedene Blätter, die unbeschädigt sein und einen interessanten Umriß besitzen sollten. Legen Sie die Blätter zwischen Löschpapier und schieben Sie dicke Zeitungsschichten zwischen die einzelnen Löschpapiergruppen, damit Blätter mit dicken Stielen andere nicht beschädigen. Schwere Bücher zum Beschweren und Pressen sind ausreichend, aber mit einer Blumenpresse erhalten Sie ein gleichmäßigeres, besseres Ergebnis.

**Material**

Ein perfekt gepreßtes Blatt von ungefähr 7,5 × 7,5 cm · Weißes Papier · Zeichenbrett oder eine ebene Fläche · Bleistift (HB) · Einen dünnen schwarzen Filzstift und einen dicken in der Farbe des Blattes · Kariertes Transparentpapier (40 Quadrate/10 cm) · Kariertes Papier (40 Quadrate/10 cm) · Sechsfädiges Baumwollstickgarn in zwei Tönen (für Blatt und Blattadern) · 15 × 15 cm Stern-Aida-Stoff (56 Fäden/10 cm) · 12,5 × 12,5 cm aufbügelbare Einlage · Sticknadel Nr. 26 (oder irgendeine andere Nadel, mit der Sie bequem umgehen können)

**Hinweis**

Die Rastergröße des karierten Papiers ist ausreichend zum Eintragen von Zeichen. Sollte das Papier so nicht bei Ihnen erhältlich sein, lassen Sie sich ein geeignetes Raster auf Transparentpapier kopieren.

**1** Legen Sie das Blatt auf weißes Papier und fahren Sie mit einem spitzen Bleistift vorsichtig die Umrisse nach.

**2** Legen Sie dann das Blatt weg und ziehen Sie die Bleistiftlinie noch einmal mit dünnem schwarzen Filzstift nach. Zeichnen Sie anschließend möglichst genau den Stiel und die Hauptadern des Blatts ein.
Wählen Sie zwei Farbtöne aus Ihrem Stickgarn aus, die der Hauptfarbe des Blatts und der von Adern und Stiel entsprechen.

**3** Legen Sie Pauspapier über Ihren Blattumriß und kleben sie es mit Klebeband fest. Umzeichnen Sie jetzt so eng wie möglich die Umrißlinie - und zwar indem Sie immer den vertikalen und horizontalen Linien des karierten Transparentpapiers folgen. Zeichnen Sie schließlich die Blattadern ein – entweder wie vorher entlang den Quadratlinien oder aber diagonal über eines, zwei oder drei Quadrate. Auch hier sollten Sie versuchen, dem wirklichen Verlauf so nahe wie möglich zu kommen.

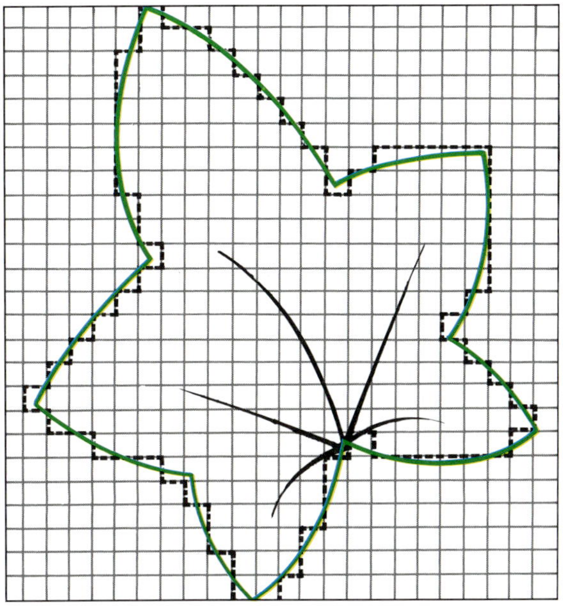

Hier wurde auf die Umrißlinie eines Efeublatts kariertes Pauspapier gelegt. Falls Sie Schwierigkeiten haben, den Umriß eines stärker gezackten Blattes auf die eckigen Linien des Musterpapiers zu übertragen, können Sie mit einer einfacheren Form wie dieser beginnen.

**4** Lösen Sie das so auf Transparentpapier entstandene Stickmuster von der ursprünglichen Umrißzeichnung und legen Sie es über weißes Papier, damit Sie die Linien deutlich sehen können. Übertragen Sie die Umrißlinie des Transparentpapiers auf normales kariertes Papier. Anschließend alle Quadrate, die von Kreuzstichen bedeckt sein werden, mit dickem Filzstift farbig ausmalen. Mit dem schwarzen Stift zeichnen Sie die Blattadern und den Stiel auf Ihrem farbigen Muster ein. Diese Linien werden mit Rückstich gestickt.

**5** Sticken Sie Ihr Blattmotiv in die untere linke Ecke des Aida-Stoffs, wobei nach unten und links etwa 2,5 cm Rand bleiben sollten. Legen Sie den Futterstoff in die Mitte der Rückseite und bügeln Sie ihn fest. Nähen Sie in 12 mm Abstand von der Kante mit der Maschine (Steppstich) um den Stramin und ziehen Sie die Straminfäden unterhalb der Naht heraus, so daß eine Fransenkante entsteht.

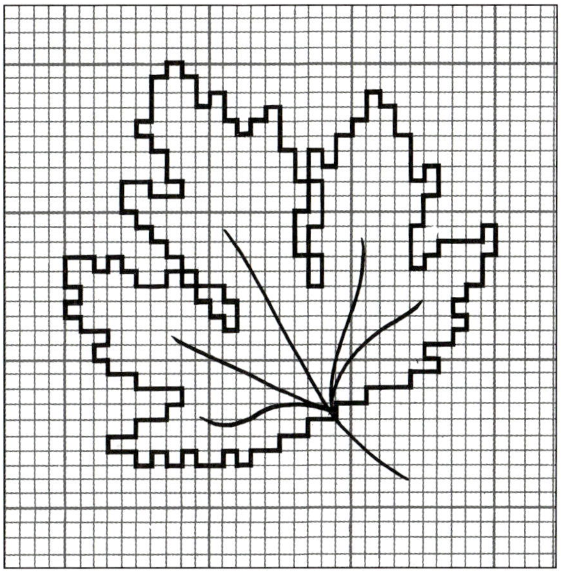

Zeichnen Sie die Umrißlinie auf kariertes Transparentpapier, legen Sie dieses auf ein weißes Blatt und übertragen Sie das Muster auf normales kariertes Papier. Anschließend farbig anlegen.

**Garnfarben**

| | DMC | Anchor | Madeira |
|---|---|---|---|
| Braun | 434 | 310 | 2009 |
| Hellbraun (für die Rückstiche) | 437 | 362 | 2012 |

# *Weitere Schritte*

Dieses einfache Muster basiert wieder auf derselben Umrißform, enthält aber weitere Farben für Licht und Schatten. Es kann als Einzelmotiv auf ein Textilstück Ihrer Wahl gestickt oder beliebig wiederholt werden: zum Beispiel entlang der Kante eines Gästehandtuchs, Tischsets, Tischtuchs oder eines Küchenvorhangs. Es gibt unzählige Verwendungsmöglichkeiten.

**Material**

Das Grundmuster der vorangegangenen Entwurfs und das Blatt ·
Drei Farbtöne von sechsfädigem Stickgarn und eine Kontrastfarbe für Stiel und Blattadern ·
Bleistift (HB) und dünner schwarzer Filzstift ·
Ein kleines Gästehandtuch, 45 × 29 cm, mit Aida-Streifen (siehe Bezugsquellen S. 128)

**Garnfarben**

| | DMC | Anchor | Madeira |
|---|---|---|---|
| Dunkelbraun | 839 | 380 | 1913 |
| Ingwerbraun | 435 | 365 | 2010 |
| Braun | 434 | 310 | 2009 |

**1** Legen Sie Ihr fertiges Stickmuster des vorausgegangenen Entwurfs neben das gepreßte Blatt. Kein Blatt gleicht dem anderen, und daher haben Sie bereits einen individuellen Entwurf geschaffen – allerdings stark vereinfacht. Wenn Sie das Blattmotiv noch realistischer gestalten wollen, nehmen Sie weitere Farben hinzu, denn kaum ein Blatt hat durchgängig nur eine Farbe.
Bei genauerem Betrachten meines Ahornblatts entdeckte ich zwei Brauntöne – einen helleren an den Rändern des Blatts und ein dunkleres Braun im Bereich der Adern. Die fünf äußersten Blattspitzen waren sogar noch dunkler. Nehmen Sie Ihr Muster zur Hand und zeichnen Sie so genau wie möglich Linien ein, die die verschiedenen Farbflächen des Blatts voneinander trennen. In Wirklichkeit gehen die Farben fließend ineinander über, beim Sticken können Sie nur hoffen, eine möglichst entsprechende Trennung zu finden.

**2** Tragen Sie in allen Quadraten Ihres Musters Zeichen für die verschiedenen Farben ein. Setzen Sie Pfeile am Außenrand, um die Mitte des Motivs zu markieren.

### Sticken des Motivs

Wenn Sie Ihr Blattmuster an den Rand des Handtuchs sticken, zählen Sie zunächst insgesamt die Quadrate des Aida-Streifens aus und teilen den Streifen in vier gleich große Flächen. Markieren Sie jede Fläche mit Heftstichen.

Überprüfen Sie, ob Ihr Blattmuster in der Größe für eine dieser Flächen paßt – ein geringfügig größeres Blatt als das gezeigte wäre wohl noch geeignet, bei einem kleineren Entwurf könnte es notwendig sein, daß Sie das Muster öfter wiederholen, um den Streifen ordentlich zu füllen. Wenn Sie die Blätter schräg stellen, können die Motive enger aneinandergereiht werden, aber Sie sollten vorsichtshalber vor dem Sticken Ihr Gesamtmuster noch einmal auf ein langes kariertes Papier aufzeichnen. Es wäre ärgerlich, wenn am Ende des Handtuchs nur noch ein halbes Blatt Platz fände!

**Garnfarben**

| | DMC | Anchor | Madeira |
|---|---|---|---|
| Braun | 434 | 310 | 2009 |
| Ingwerbraun | 435 | 365 | 2010 |
| Dunkelbraun | 839 | 380 | 1913 |
| Hellbraun (für die Rückstiche) | 437 | 362 | 2012 |

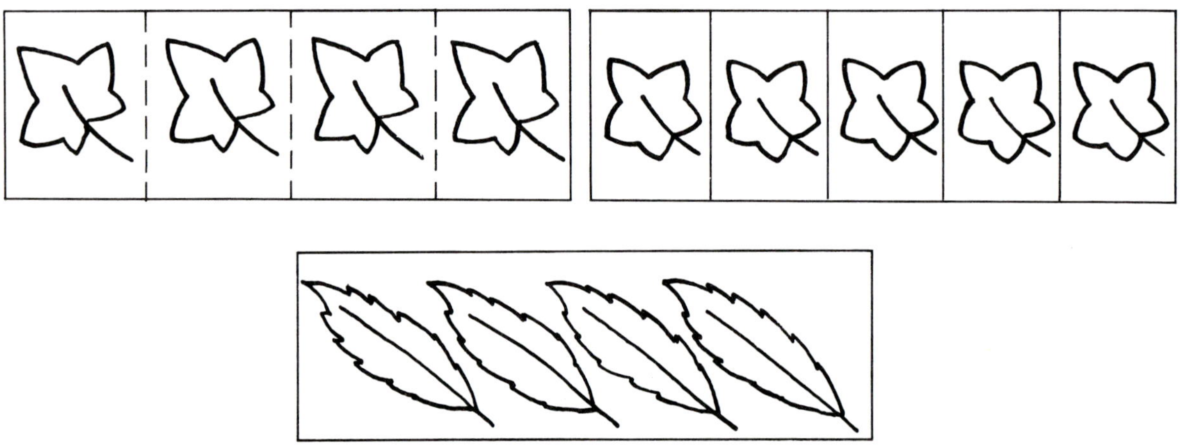

Einfache Motive können so oft wie gewünscht wiederholt werden; schräg gestellte Motive überschneiden sich jedoch, und Sie müssen dies bei der Berechnung, wie oft Sie ein Muster sticken, mit berücksichtigen.

# Blattreigen

Interessanter und abwechslungsreicher wird die Gestaltung, wenn Sie mit verschiedenen Blättern experimentieren. Der gezeigte Entwurf wurde für ein Tischset verwendet, und diese Idee könnte zu einem Ensemble erweitert werden, wenn man mit einem einzelnen Blatt aus dem Muster zusätzlich Glasuntersetzer, Servietten oder textile Serviettenringe bestickt. Das Tischset selbst kann unterschiedlich fertiggestellt werden: mit einem schmalen Saum, einem Fransenrand, einem einfachen oder doppelten Hohlsaum. Das gezeigte Tischset hat einen einfachen Hohlsaum.

**Material**

Sechs oder sieben der schönsten gepreßten Blätter · Ein DIN A4-Blatt weißes Papier · Zeichenbrett oder eine ebene Fläche · Bleistift (HB) und ein dünner schwarzer Filzstift · Kariertes Transparentpapier, 40 Quadrate/10 cm · Kariertes Papier, 40 Quadrate/10 cm · Sechsfädiges Baumwollgarn in den benötigten Farbtönen · 42,5 × 32,5 cm Stern-Aida-Stoff (56 Fäden/10 cm) · Sticknadel Nr. 26 (oder irgendeine andere Nadel, mit der Sie bequem umgehen können)

**1** Arrangieren Sie Ihre Blätter auf dem Papier. Wenn die Größen sehr unterschiedlich sind, sieht es attraktiver aus, die kleineren Blätter nach oben zu schieben und die größeren, wuchtigeren nach unten. Wenn Sie noch nicht viel Übung im Sticken besitzen, ist es eine Erleichterung, Überschneidungen der Motive zu vermeiden. Mit größerer Praxis können solche Überlappungen verschiedenartiger Blätter aber sehr reizvoll werden.

**2** Wenn Ihnen die Verteilung gefällt, umreißen Sie jedes Blatt mit einem gespitzten Bleistift (HB). Fangen Sie unten an und legen Sie nicht mehr benötigte Blätter weg, um sie nicht zu beschädigen. Zeichnen Sie die Umrißlinien mit schwarzem Filzstift nach und tragen Sie dann die Stiele und Blattadern so originalgetreu wie möglich ein.
Legen Sie die Grenzlinien für die am Blatt beobachteten Farbwechsel an und verwenden Sie zur Auswahl des entsprechenden Farbtons für das Stickgarn eine Farbskala. Tragen Sie die ausgewählten Farbnummern an der jeweiligen Stelle in Ihre Zeichnung ein.

**3** Übertragen Sie Ihre Zeichnung auf kariertes Papier wie auf den vorigen Seiten beschrieben.
Bei komplizierteren Entwürfen könnten Sie die Farbtöne durch unterschiedliche Zeichen in Ihrem Zählmuster markieren oder auch Symbole mit Farben kombinieren. Farben sind ideal, vorausgesetzt, Sie haben eine entsprechende Zahl farbiger Filzstifte zur Verfügung. Sollte dies nicht der Fall sein und Ihre Stickerei enthält zum Beispiel mehrere Grüntöne, ist es eine Hilfe, entweder Symbole über die Farben einzutragen oder auch nur mit graphischen Zeichen zu arbeiten.
Wählen Sie in letzterem Fall Symbole wie x, die dicht wirken, für dunkle Farbtöne und solche, die das Muster offener wirken lassen, wie zum Beispiel o, für hellere Farben. Dadurch haben Sie einen besseren optischen Eindruck von Licht und Schatten in Ihrem Entwurf.

4 Wenn Ihr Zählmuster fertig ist, zeichnen Sie am linken Rand einen Pfeil für den Mittelpunkt des Motivs ein.
Messen Sie von der Schmalseite Ihres Stickgrundes 10 cm nach innen. Nehmen Sie den Mittelpunkt auf dieser Linie und beginnen Sie von diesem Punkt aus mit der Stickerei.

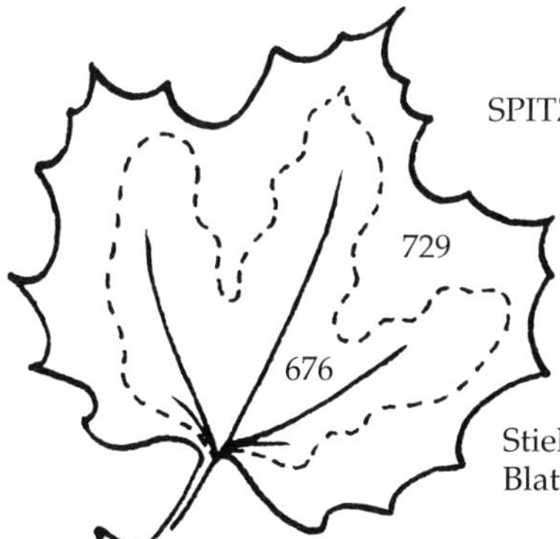


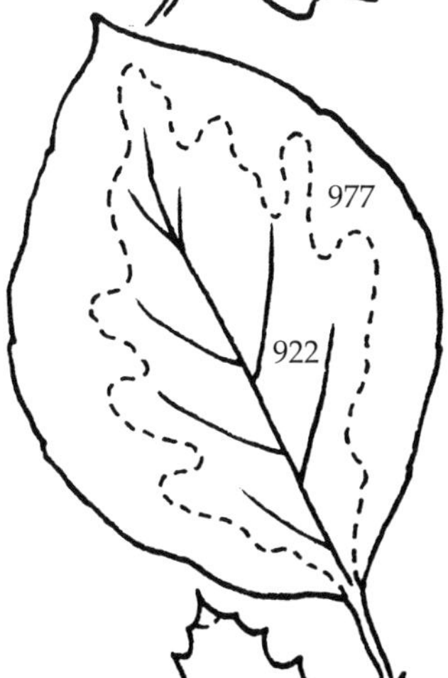


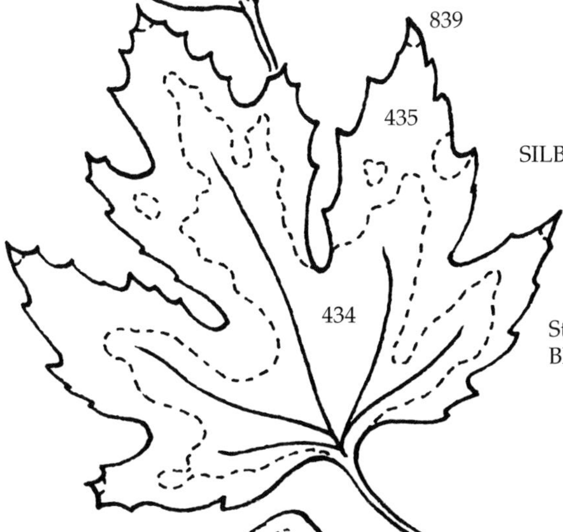


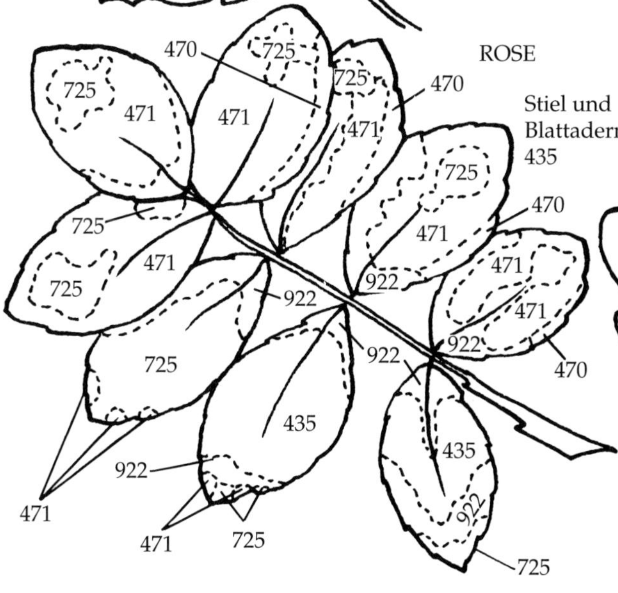


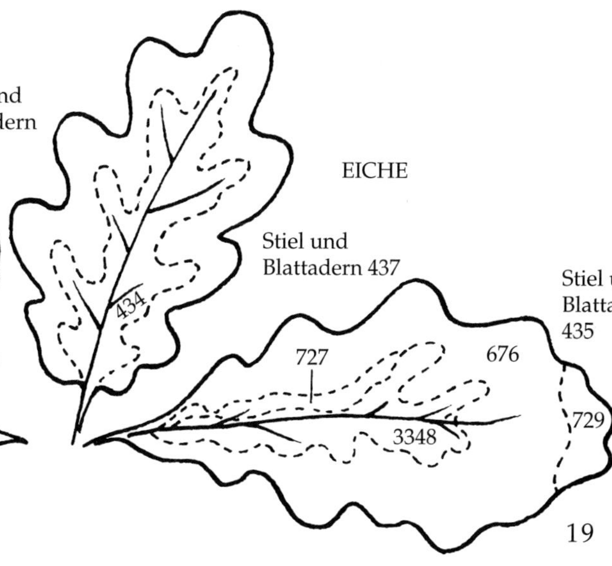

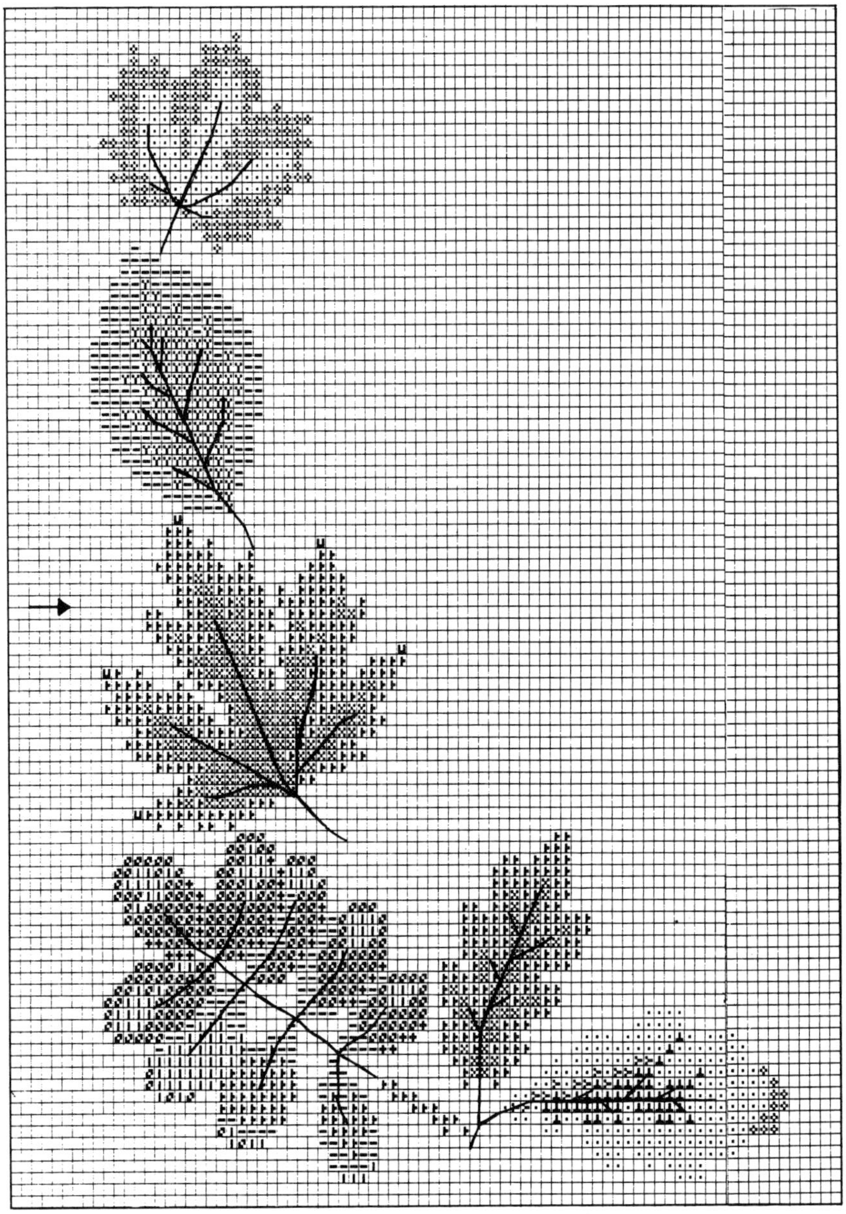

| Blätter ▲ | DMC | Anchor | Madeira |
|---|---|---|---|
| Zitronengelb | 727 | 293 | 0110 |
| Dunkelgelb | 725 | 297 | 0108 |
| Hellorange | 977 | 313 | 2301 |
| Orange | 922 | 324 | 0310 |
| Blaßgrün | 3348 | 264 | 1409 |
| Grün | 471 | 265 | 1501 |
| Dunkelgrün | 470 | 266 | 1502 |
| Karamel, hell | 676 | 891 | 2208 |
| Karamel | 729 | 890 | 2209 |
| Hellbraun* | 437 | 362 | 2012 |
| Ingwerbraun | 435 | 365 | 2010 |
| Braun | 434 | 310 | 2009 |
| Dunkelbraun | 839 | 380 | 1913 |

**Rückstiche**
Hellbraun* wird nur für Rückstich verwendet. Folgende Rückstichfarben: Spitzahorn (Acer platanoides) und Rotbuche (Fagus sylvatica) in Dunkelbraun, Rose und gelbgrünes Eichenblatt (Quercus petraea) in Mittelbraun, Silberahorn (Acer saccharinum) und braunes Eichenblatt in Hellbraun*.

# Nüsse und Pilze

Um auf einer ebenen Oberfläche den Eindruck von Dreidimensionalität zu erwecken, müssen Sie lediglich Licht und Schatten so naturgetreu wie möglich wiedergeben. Für Eicheln, Bucheckern und einige Blätter können Sie eine einfache Arbeitsskizze anlegen, diese durch Licht- und Schattenflächen vervollständigen und danach ein wirklichkeitsnahes Motiv mit dreidimensionaler Wirkung sticken.

# *Zeichnen einfacher Formen*

Motiv des vorausgegangenen Abschnitts waren gepreßte Blätter, aber Blumen, Früchte, Vögel und Tiere sind natürlich dreidimensional, und ich werde häufig gefragt, wie diese Wirkung in einem Entwurf zu erzielen sei. Zum Glück ist die Vorgehensweise in der Kreuzstickerei genau dieselbe wie in anderen künstlerischen Techniken, ob bei einer Buntstiftzeichnung, mit Aquarell- oder Ölfarben oder als Stich. Der Schlüssel zum Erfolg liegt in der genauen Beobachtung von Licht und Schatten an der Oberfläche eines Gegenstands und im gelungenen Übertragen dieser Verhältnisse in den Entwurf.

Das Motiv für das Brillenetui besteht aus einigen kleinen Eicheln und Eichenblättern, die nach der auf den vorhergehenden Seiten beschriebenen Technik gezeichnet wurden.

**Material**

Zeichenmaterial und Papier wie auf Seite 12 angegeben

Für das Brillenetui:
25 × 15 cm cremefarbener Stern-Aida-Stoff (56 Stiche/10 cm) ·
Cremefarbener Futterstoff – 19 × 15 cm für die Vorderseite und zwei Stücke à 23 × 15 cm für die Rückseite ·
Steifleinen – 16,5 × 10 cm für die Vorderseite und 18 × 10 cm für die Rückseite ·
80 cm hellbraune Kordel, Ø 3 mm ·
Sticktwist in den in der Tabelle (Seite 27) angegebenen Farben

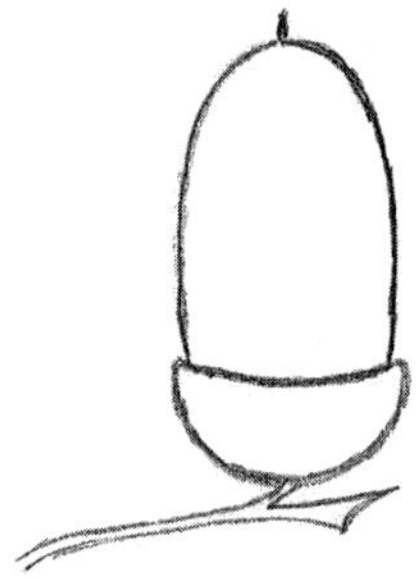

Einfacher Umriß der Eichel

**1** Wenn Sie keine Erfahrung im Zeichnen oder nur wenig Selbstvertrauen haben, sollten Sie mit einer einfachen Form, zum Beispiel einer Eichel, anfangen. Zeichnen Sie ihren Umriß und versuchen Sie, die Proportionen so genau wie möglich zu erfassen. Noch erscheint die Eichel flach und würde es, in einem einzigen Braunton gestickt, auch bleiben.

Mit Licht und Schatten auf der Eichel

**2** Dort wo die Oberfläche der Eichel der Lichtquelle abgewandt ist, liegt eine Schattenfläche und damit ein dunklerer Farbton, je weiter entfernt vom Licht, desto dunkler der Schatten. Auf der Umrißzeichnung müssen Sie also eine dunkle Fläche entlang der Kante anlegen, wobei diese sich kontinuierlich in Richtung auf die Ihnen gegenüberliegende Seite zu aufhellt. Auf diese Weise sollte die Eichel eine dreidimensionale, runde Form annehmen.

**3** Jeder blanke Gegenstand – ob eine Eichel, ein Apfel oder das Auge eines Tiers – besitzt Glanzlichter an den Stellen, wo das Licht an der Ober-

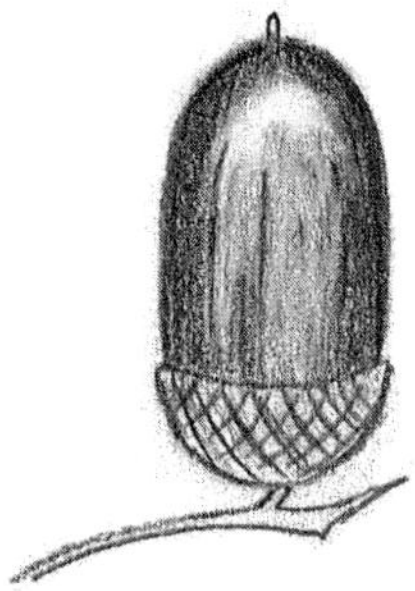

Nach Setzen des Glanzlichts

fläche reflektiert wird. Zur Vervollständigung müssen Sie also auch diese noch anlegen. Die Form dieses Glanzlichts ist von der des Objekts abhängig; in diesem Fall ist es eine Art Eichel, in Anlehnung an die Krümmung der Eichel.

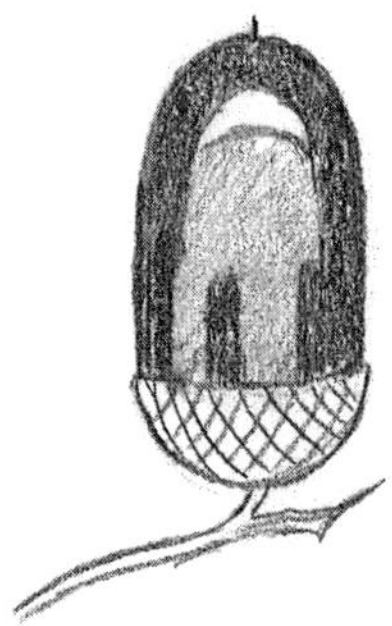

Vereinfachen des Schattens

4 Legen Sie Ihr gerastertes Transparentpapier über die Zeichnung und ziehen Sie den Umriß entlang der vertikalen und horizontalen Linien nach (siehe Seite 13). Kennzeichnen Sie nun diejenigen Quadrate, die tief im Schatten liegen, zum Beispiel mit dem Symbol c. Es folgen die helleren Flächen mit einem weniger geschlossenen Zeichen wie +. Schließlich setzen Sie kleine Punkte in die Quadrate an der Stelle des Glanzlichts und vergeben ein Symbol für die Schale der Eichel im unteren Bereich.

Detaillierter ist ein Motiv in dieser Endgröße nicht auszuarbeiten. Aber bereits bei doppelter Größe könnten Sie in dunkle, mitteldunkle und helle Flächen differenzieren und außerdem die Glanzlichter anlegen.

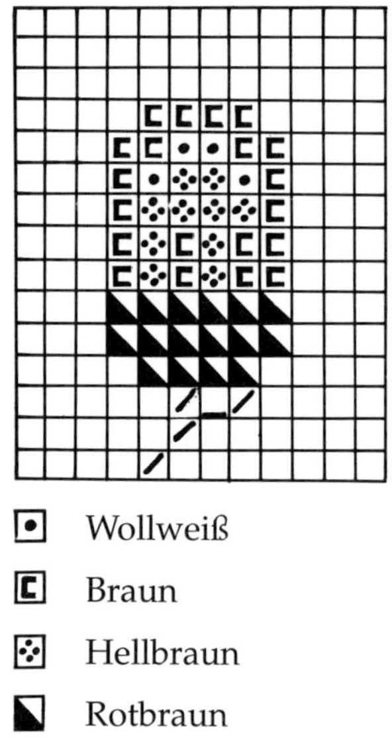


Übertragen der Form auf kariertes Papier

**Anfertigen des Etuis**

Wenn Sie die Stickerei beendet haben, schlagen Sie die Kanten des Aida-Stoffs um das Steifleinen für die Vorderseite um. Legen Sie den Futterstoff mit dem eingeschlagenen Saum darauf und heften Sie alles entlang der Kante zusammen. Genauso verfahren Sie mit der Rückseite – das Steifleinen zwischen zwei Futterstücken. Nähen Sie Vorder- und Rückseite mit feinen Stichen entlang der Kante zusammen. Nähen Sie ein Stück Kordel entlang der oberen Vorderkante fest und lassen Sie es etwa 12 mm an der Seite entlanglaufen. Den Rest der Kordel rund um das Etui nähen und die Verbindungen jeweils besonders sauber arbeiten.

**Brillenetui mit Eichelmotiv ▲**

| | DMC | Anchor | Madeira |
|---|---|---|---|
| Wollweiß | Ecru | 926 | Ecru |
| Blaßgrün | 3348 | 265 | 1409 |
| Blattgrün | 3347 | 266 | 1408 |
| Dunkelgrün | 3346 | 817 | 1407 |
| Karamel | 729 | 890 | 2209 |
| Gelbbraun | 676 | 891 | 2208 |
| Grünbraun* | 610 | 889 | 2105 |
| Hellbraun | 437 | 362 | 2012 |
| Rostbraun, hell | 435 | 365 | 2010 |
| Rostbraun | 433 | 371 | 2008 |
| Braun | 420 | 375 | 2104 |
| Rotbraun | 840 | 379 | 1912 |

**Hinweis:** Grünbraun* wird ausschließlich für den Rückstich verwendet.

# *Pilzstudien*

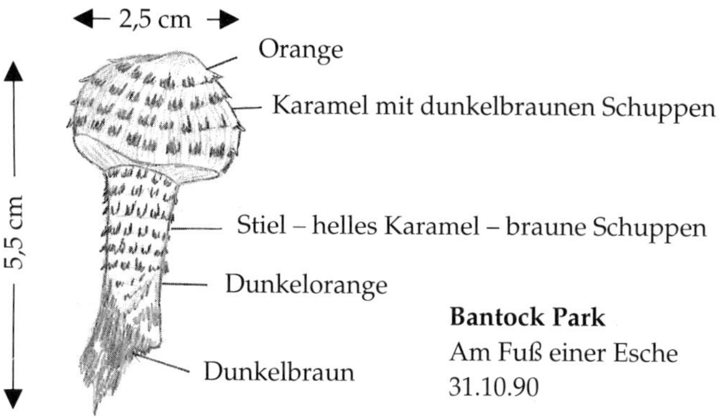


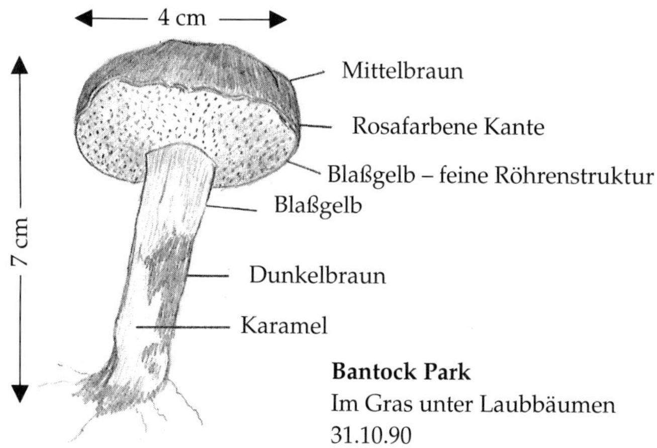


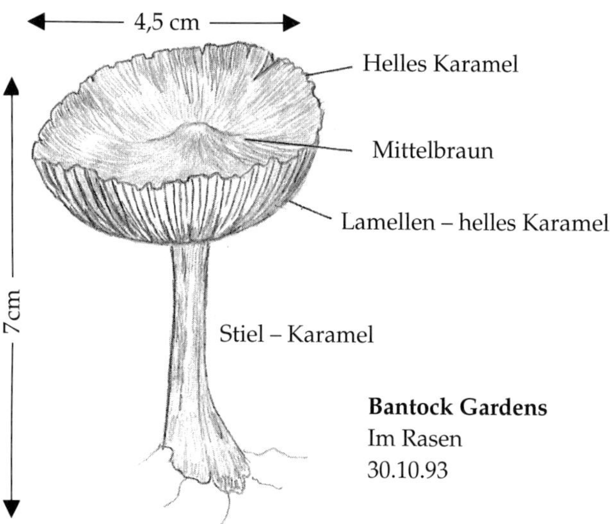


Bei einem Herbstspaziergang über Land oder durch den örtlichen Park entdeckt man fast immer Pilze – manchmal ganz gewöhnliche, manchmal seltenere Arten; manchmal sind sie bunt, häufiger braun oder cremefarben, immer aber faszinierend. Sie kommen über Nacht ans Licht, und ihre festen Köpfe entfalten innerhalb weniger Stunden die für Pilze typische Schirmform. Die unterschiedlichen Farben und Formen machen das Entwerfen von Stickmustern zum Genuß, aber es gibt auch ein Problem: Pilze sind sehr vergänglich.

Bei meinen Spaziergängen habe ich zwar nicht immer eine Kamera dabei, aber in der Regel einen Plastikbeutel. Wenn ich einen Pilz entdecke, der mir interessant für einen Entwurf scheint, nehme ich vorsichtig ein Exemplar im Beutel mit, um Beschädigungen zu vermeiden. Sobald ich zu Hause bin, wird er mit Bleistift sorgfältig auf Papier gezeichnet, so detailgetreu wie möglich und mit Hinweisen auf die genaue Fundstelle, zur Umgebung und dem Datum.

Vergessen Sie nicht, daß viele Pilze sehr giftig sind und daher vorsichtig behandelt werden müssen. Achten Sie auch darauf, wohin sie die Pilze nach beendeter Arbeit legen, insbesondere wenn Kinder in der Nähe sind.

Noch einmal: Zweifeln Sie nicht an an Ihren künstlerischen Fähigkeiten, auch wenn Sie zum ersten Mal Skizzen dieser Art anfertigen. Diese Zeichnungen sind lediglich für Ihren persönlichen Gebrauch bestimmt. Legen Sie zunächst die Grundform und Proportionen so genau wie möglich an und geben Sie auch interessante Details wieder. Mit zunehmender Übung werden Ihre Zeichenfertigkeiten sich steigern.

Wenn ich die Pilze in meinem Handbuch identifizieren kann, ist das ein zusätzlicher Bonus. Meine Zeichnungen sind die Grundlage für die Kreuzstichentwürfe, und die Bemerkungen dienen dazu, die Pilze in eine realistische Umgebung zu setzen. Gelingt mir eine Identifizierung im Pilzbuch, kann ich das Thema weiter ausbauen und Zeichnungen derselben Art in verschiedenen Entwicklungsstadien anfertigen. So werden meine gezeichneten Funde Teil eines

Gesamtmotivs, das mit Aquarellfarben zum fertigen Entwurf ausgearbeitet wird.

### Kissen

Für das Kissen wählte ich vier Motive mit jeweils verschiedenen Pilzarten aus. Auch die Pilzarten wurden sorgfältig nach Farbe und Form zusammengestellt, und ich wollte Sorten verwenden, die in Eichen- oder Buchenwäldern wachsen, um die Entwürfe im ersten Kapitel des Buches mitverwenden zu können. Ich stellte Umrißzeichnungen der Pilze in Gesamtansicht zusammen, mit jeweils nur den Hauptschattenzonen und auf einer quadratischen Fläche, die die Basis für mein Kissen werden sollte. Aufgrund der quadratischen Kissenform wiederholte ich ein Motiv aus meiner Pilzsammlung in jeder Ecke. Die Gesamtgröße der Zeichnung betrug 45 × 45 cm. Beim Sticken auf 56fädigem Stickgrund ergibt das eine Größe von 32,5 × 32,5 cm. Ausgehend davon kann variiert werden, indem man den Kissenrand breiter oder schmäler läßt. Bleistiftzeichnung und einzelne Aquarellstudien waren also die Grundlage für den fertigen Entwurf.
Ein großes Blatt gerastertes Transparentpapier (40 Quadrate/10 cm) über den gesamten Bleistiftentwurf legen und nach der gleichen Methode wie bisher den Umriß der Pilze und Blätter in das quadratische Raster übertragen. Dann die Fläche innerhalb der Umrißlinie in Farbzonen einteilen und dabei Farbübergänge schematisch voneinander trennen. Wenn das Ergebnis zufriedenstellend ist, das Muster auf kariertes Papier übertragen und die Rückstichlinien für Stiele und Blattadern einzeichnen.

### Farbwahl

Die Wahl möglichst naturgetreuer Farben ist für mein Empfinden immer der schwierigste Teil. Bei einem solchen Motiv müssen nicht nur die Farben der Einzelmotive stimmen und zueinander passen, sondern es soll auch insgesamt ein angenehmer Farbeindruck entstehen. Weil dieser Punkt so wichtig für mich ist, sticke ich alle Entwürfe selbst nach, bevor sie veröffentlicht werden. Farben, die im Entwurf oder sogar in Garnsträngen nebeneinander gelegt gut zusammenpassen, können in der Stickerei ganz anders aussehen. Manchmal probiere ich ein paar Stiche

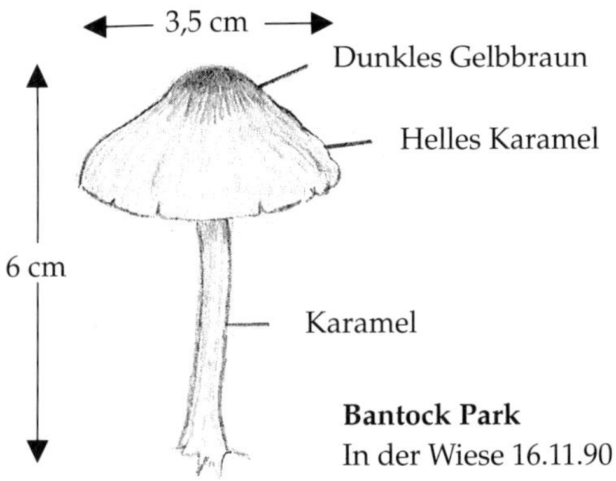


**Bantock Park**
In der Wiese 16.11.90

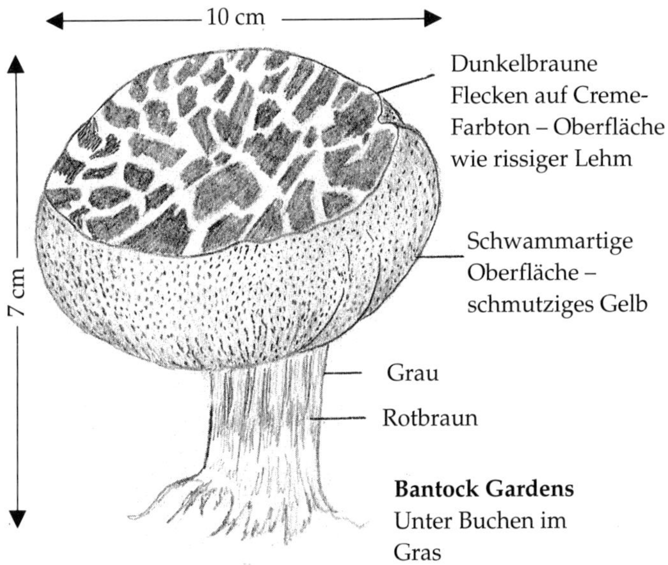


**Bantock Gardens**
Unter Buchen im Gras
16.11.90

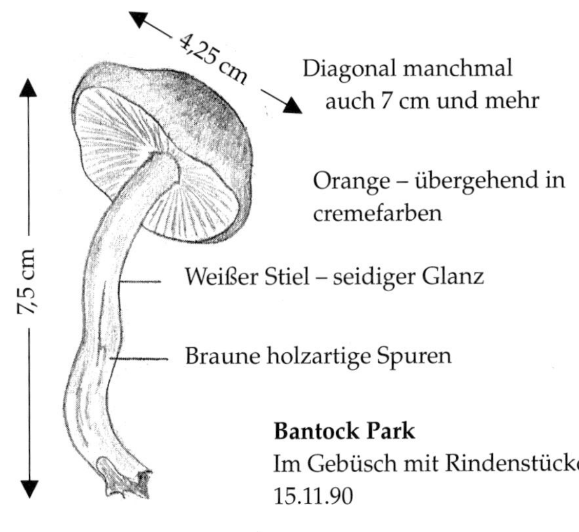


**Bantock Park**
Im Gebüsch mit Rindenstückchen
15.11.90

in mehreren Farben aus, bevor die gewünschte Wirkung erzielt ist. Farben, die scheinbar perfekt die natürlichen wiedergeben, können in der Stickerei plötzlich nicht mehr zusammenpassen. Oder es gibt Farbtöne, die zunächst in der Stickerei sehr lebendig wirken, dann aber durch benachbarte Flächen in sanfteren Tönen optisch gedämpft werden. All das funktioniert nur mit Experiment, Versuch und Irrtum – und viel Geduld!

Spei-Täubling

Sparriger Schüppling

Mit Wasserfarben werden nach den Skizzen im Freien Arrangements entwickelt.

Der gesamte Kissenentwurf enthält vier Pilzarrangements
und ein in den Ecken wiederholtes Einzelmotiv.
Im Original mißt diese verkleinerte Bleistiftzeichnung 45 × 45 cm.
Die Arrangements sind jeweils etwa 15 × 10 cm groß.

# *Kissenbezug mit Pilzen*

Maße des fertigen Bezugs: 45,5 × 45, 5 cm

**Material**

50 × 50 cm cremefarbener Stern-Aida-Stoff (56 Fäden/10 cm) · 50 × 50 cm Polsterstoff für die Rückseite · Zwei Stücke Baumwollnessel à 50 × 50 cm für den Innenbezug · Sechsfädiges Baumwollstickgarn in den auf Seite 36/37 angegebenen Farben · Kissenfüllung Ihrer Wahl oder ein quadratisches Kissen (45,5 × 45,5 cm) · 3 m zu den Pilzfarben passende braune Kordel, Ø 5 mm

**Anfertigen des Kissenbezugs**
Wenn Sie mit dem Sticken fertig sind, legen Sie die beiden Baumwollstoffstücke rechts aufeinander und steppen sie mit der Maschine mit 2,5 cm Nahtzugabe zusammen; auf einer Seite bleiben 25 cm offen. Schneiden Sie die Ecken schräg ab und wenden Sie den Bezug auf die rechte Seite. Mit der Kissenfüllung oder dem Kissen füllen und die Öffnung zusteppen.
Anschließend die Stickerei und den Stoff für die Rückseite rechts auf rechts aufeinanderlegen und wie oben verfahren.
Zum Schluß die Kordel um die Kanten legen, an den Ecken Schlaufen bilden und die Kordel mit Hohlstichen festnähen.

Grünspan-Träuschling

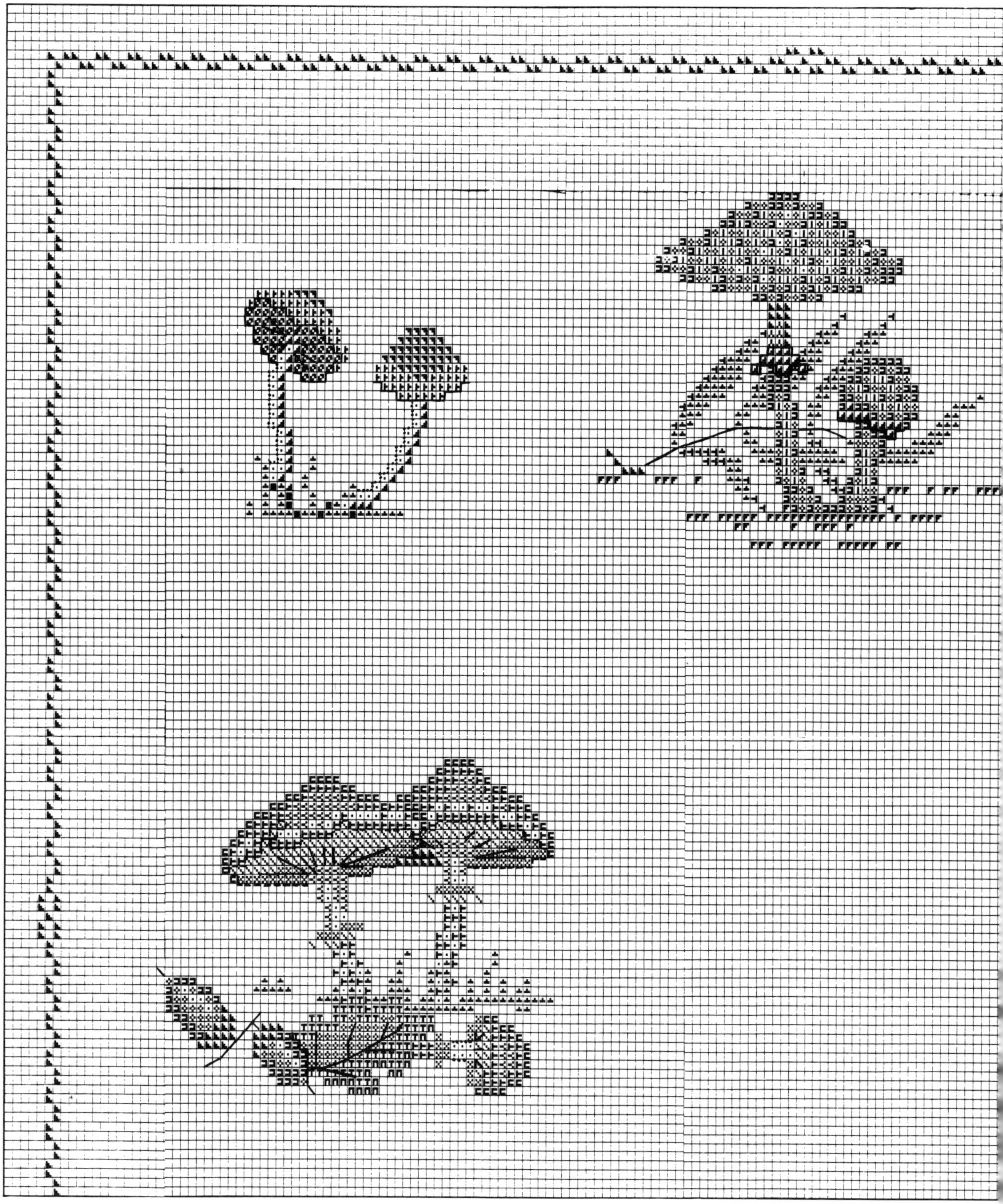

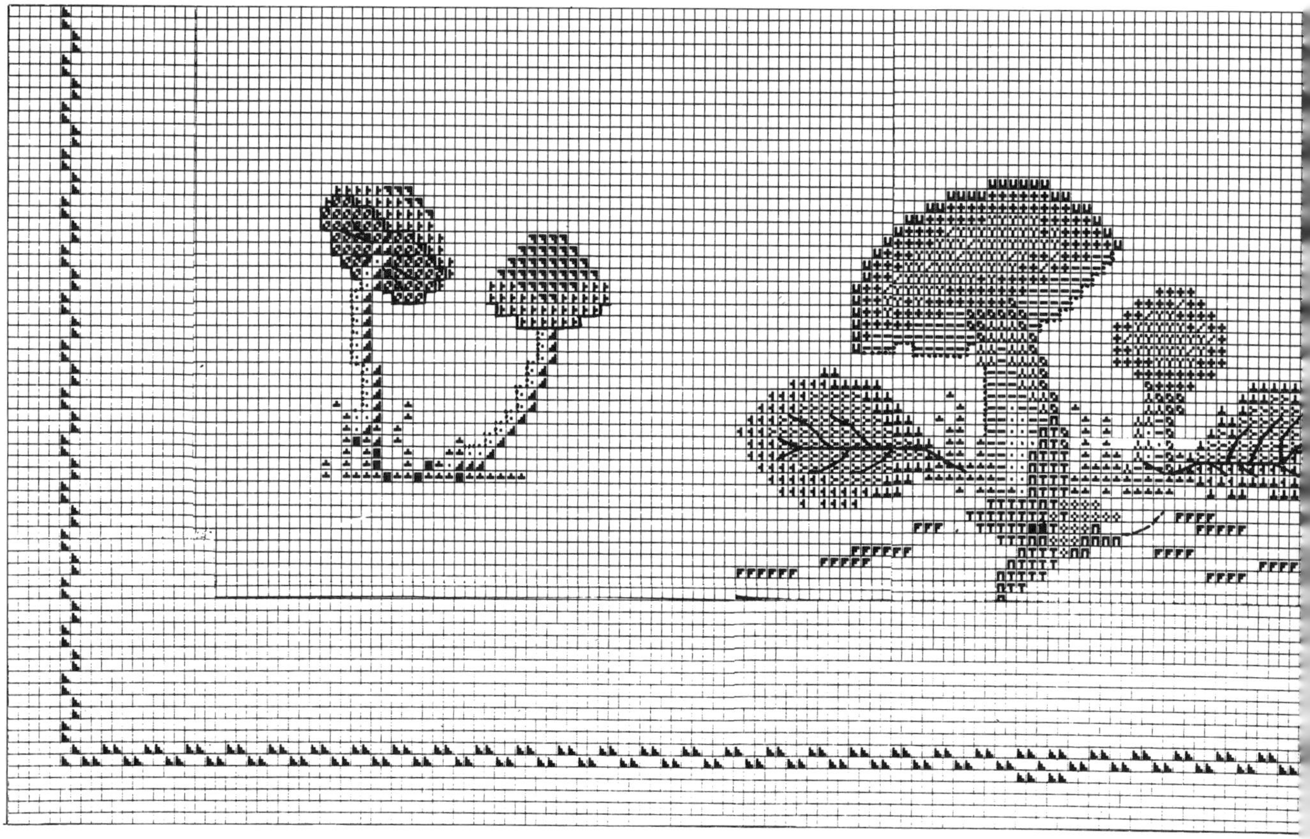

**Kissenbezug mit Pilzen ▲**

| Farbe | DMC | Anchor | Madeira |
|---|---|---|---|
| Wollweiß | Ecru | 926 | Ecru |
| Schmutzigrosa | 224 | 893 | 0812 |
| Schmutzigrosa, dunkel | 407 | 882 | 2310 |
| Braunrosa | 3064 | 914 | 2312 |
| Hellrot | 351 | 10 | 0214 |
| Rot | 350 | 11 | 0213 |
| Dunkelrot | 347 | 13 | 0407 |
| Blaßgold | 437 | 13 | 0407 |
| Blaßorange | 402 | 363 | 2307 |
| Hellorange | 722 | 323 | 0307 |
| Orange | 720 | 326 | 0309 |
| Blaugrün, blaß | 504 | 213 | 1701 |
| Blaßgrün | 503 | 875 | 1702 |
| Blaugrün, dunkel | 502 | 876 | 1703 |
| Grün | 3346 | 817 | 1407 |
| Olivgrün | 3012 | 844 | 1606 |
| Dunkeloliv | 3011 | 845 | 1607 |
| Haferflockenfarben | 739 | 885 | 2014 |
| Karamel, hell | 738 | 942 | 2013 |
| Karamel | 422 | 372 | 2102 |
| Hellbraun | 375 | 420 | 2104 |
| Goldbraun, hell | 783 | 307 | 2211 |

| | | | | |
|---|---|---|---|---|
| ◀ | Goldbraun | 782 | 308 | 2212 |
| ┻ | Braun | 780 | 309 | 2214 |
| ◧ | Gelbbraun | 680 | 901 | 2212 |
| | Grünbraun* | 610 | 889 | 2105 |
| T | Mittelbraun | 435 | 365 | 2010 |
| Π | Rostbraun | 433 | 371 | 2008 |
| ■ | Dunkelbraun | 898 | 359 | 2007 |
| ◢ | Blaßgrau | 415 | 398 | 1803 |
| ◣ | Rötlichgrau | 840 | 379 | 1912 |

**Rückstich**

Grünbraun* wird ausschließlich für den Rückstich verwendet.

Folgende Rückstiche:
Vier Eckpilze – Stiele in Blaßgrau, Lamellen und Umrißlinie der Kappe in Grünbraun*; Pilze oben – Blattstiele, Stielkrause und kleine Pilzkappe in Grünbraun*; Pilze links – Umrißlinie der Kappe in Wollweiß, kleiner Pilzstiel in Blaugrün, Lamellen, Blattadern, Zweige und Eicheln in Grünbraun*; Pilze unten – Stiel und Kappe in Karamel, Bucheckernstiel in Rostbraun, Blattstiele und Blattadern in Grünbraun*; Pilze rechts – Blattstiele und Blattadern in Grünbraun*, Pilzstiele in Rötlichgrau.

# HERBSTLICHE BEEREN

Die Wahl des richtigen Stickgrunds für einen bestimmten Zweck und das Entwerfen eines Motivs, das in die vorgegebene Öffnung zum Beispiel eines Rahmens paßt, sind Probleme, die bei jedem Projekt auftauchen. Für dieses Kapitel habe ich ein Motiv mit Herbstbeeren entworfen, um zu zeigen, wie dieses für Stoffe mit unterschiedlicher Fadendichte passend vergrößert oder verkleinert werden kann.

# *Der richtige Stickgrund*

Für Kreuzstickerei werden am besten Aida- oder andere gleichmäßig gewebte Zählstoffe verwendet.

**Aida**

Aida-Stoffe besitzen eine quadratische Struktur: Die Schuß- und Kettfäden sind zu Blöcken einheitlicher Größe zusammengefaßt, zwischen denen jeweils an den Ecken deutliche Nadellöcher liegen. Das macht das Zählen sehr einfach. Aida-Stoff ist in verschiedenen Fadendichten erhältlich. Diese bezeichnen die Anzahl der Fadengruppen oder Quadrate pro 10 cm. Jedes Quadrat entspricht einem Stich.
Bei Stoffen mit Aida-Struktur und 24 Stichen/10 cm wie zum Beispiel Herta (Zweigart) sind also nur 24 Kreuzstiche auf 10 cm möglich, was sich insbesondere für Kinder, Kreuzstich-Anfänger, Sticker mit geringer Sehstärke oder Lehr- und Demonstrationsstücke gut eignet. Am anderen Ende der Skala steht der Feinaida-Stoff mit 70 Stichen auf 10 cm, ein sehr feines Material, das ideal ist für detaillierte Kreuzstickereien mit starker Differenzierung in den Licht- und Schattenbereichen. Zwischen diesen beiden Extremen liegen zahlreiche andere Dichten wie zum Beispiel 32-, 44- oder 56fädiger Aida-Stoff.

**Andere Zählstoffe**

Es gibt aber auch andere Stoffe, die sich bestens für Kreuzstickerei eignen und dieselbe Anzahl gleichmäßig strukturierter Kett- und Schußfäden pro 10 cm aufweisen. Dazu gehören feine Leinenstoffe wie Belfast (122 Fäden/10 cm) und Dublin (100 Fäden/10 cm; beide von Zweigart), geeignet für Mustertücher und Tischwäsche. Meist ist es sinnvoll, über zwei Fäden des Leinens zu sticken, was die Augen entlastet bzw. die Stickerei deutlicher hervorhebt und schneller wachsen läßt. Trotzdem bleibt die ganze Arbeit sehr fein.
Das Schülertuch Linda aus reiner Baumwolle hat 108 Fäden/10 cm, und das 100fädige Mischgewebe Lugana besteht aus 52 % Baumwolle und 48 % Viskose. Beide eignen sich für Tischwäsche, Mustertücher und feine Kleidung; auch hier bietet es sich an, über zwei Fäden zu sticken.
Sulta, ein reiner Baumwollstoff, ist auch für die norwegischen Hardangerstickereien sehr beliebt. Er ist aus einem doppelten Faden gewebt, der als einer gezählt wird. Auf diesem 88fädigen Material entstehen sehr feine Kreuzstickereien.

**Seidengaze**

Wenn Sie sehr gut sehen und viel Geduld haben, können Sie auch etwas ganz anderes ausprobieren: Sticken auf zartem Seidengewebe, Seidengaze. Dieses sehr feine Material wird von 120 bis 288 Fäden pro 10 cm angeboten. Wesentlich für die Arbeit sind eine sehr gute Lampe und ein Vergrößerungsglas. Seidengaze kann bereits auf einen Kartonrahmen aufgezogen gekauft werden, was den Vorteil hat, daß das Material straff bleibt und einfacher zu handhaben ist. Die Seide selbst und ihre feinen Fäden sind sehr robust, so daß das Sticken leichter fällt, als man zunächst glauben würde. Muster, die auf sehr feinem Material mit großer Fadendichte ausgearbeitet werden, können eventuell zur Verwendung in kleinen Rahmen oder Anhängern noch weiter verkleinert werden. Die Ergebnisse können umwerfend sein: Die Stiche wirken wie winzige Farbperlen vor einem transparenten Hintergrund. Fertige Arbeiten auf Seidengaze können auch auf einen passenden farbigen Hintergrund aufgezogen werden.

**Garne**

Beim Sticken mit spaltbarem, sechsfädigem Sticktwist auf 88fädigem oder feinerem Material ist es empfehlenswert, nur einen Faden zu verwenden. Bei 72fädigem Stoff erzielen Sie mit zwei Fäden den besten optischen Eindruck, und bei 56er-Fadendichte sticke ich mit drei Fäden. Für gröberes Material sollten Sie noch mehr Garnfäden verwenden. Wie auch immer – das beste ist, ein wenig zu experimentieren; es gibt keine verbindlichen Regeln, und letztlich entscheidend ist, welche Wirkung Sie erzielen möchten. Ich selbst bevorzuge einen festen, geschlossenen Eindruck, das heißt daß die Fäden des Stickgrunds ganz bedeckt sind und die

Stickerei nach dem Dämpfen noch erhaben ist. Möchten Sie lieber eine offenere Arbeit, bei der die einzelnen Kreuzstiche in ihrer Form erkennbar bleiben, verwenden Sie einfach weniger Garnfäden als empfohlen.

Aida-Stoffe und andere Zählstoffe sind in einer Vielzahl an Farbtönen erhältlich, und auch bei den Stickgarnen werden mittlerweile verschiedene Qualitäten angeboten. Davon wird in den späteren Kapiteln die Rede sein.

---

# *Maßstäbliches Entwerfen*

Wenn Sie zum Beispiel einen Entwurf für einen hübschen quadratischen oder rechteckigen Rahmen anfertigen wollen, können Sie dies sehr bequem auf folgende einfache Weise:

**1** Entscheiden Sie sich zunächst für das Material und die Fadendichte, mit der Sie arbeiten wollen (siehe vorige Seite). Bei kleinen Rahmen ist es von Vorteil, hohe Fadendichten zu verwenden, so daß auf kleinem Raum mehr Details herausgearbeitet werden können. Für größere Rahmen eignet sich zum Beispiel Material von 56 oder weniger Fäden pro 10 cm – außer Sie wollen über zwei Fäden sticken.

**2** Im zweiten Schritt berechnen Sie, wieviele Quadrate/Stiche Ihnen bei der Fadendichte Ihres Materials und der vorgegebenen Endgröße zur Verfügung stehen.
Nehmen wir an, Ihre Rahmenöffnung ist 15 × 10 cm groß und Sie haben sich für Stramin oder Leinen von 108 Fäden/10 cm entschieden. Also dividieren Sie zunächst Ihre Maße durch 10:
15 : 10 = 1,5
10 : 10 = 1,0
und multiplizieren anschließend mit der Anzahl der Fäden:
1,5 × 108 = 162 Stiche in der Höhe
1,0 × 108 = 108 Stiche in der Breite

**3** Schneiden Sie Ihr kariertes Papier so zu oder zeichnen Sie es so an, daß Sie 162 Quadrate in der Höhe und 108 in der Breite haben.
Bei kariertem Papier von 40 Quadraten/10 cm wird die Fläche sehr groß, aber Sie haben genug Platz für die Zeichen, und beim Sticken auf 108fädigem Material verkleinert sich der Entwurf ja so, daß er in 15 × 10 cm paßt. Allerdings müssen Sie beim Entwurf Platz für einen Rang mit einkalkulieren, außer Sie wollen bis dicht an den Rahmen sticken.

**4** Die folgende Tabelle zeigt die Anzahl der Quadrate/Stiche für einen Entwurf der Größe 5 × 10 cm bei unterschiedlichen Fadendichten des Stickgrunds. Je weniger Fäden pro 10 cm, um so geringer die Anzahl der möglichen Stiche.

Gering — Fadendichte — Hoch

| **Fäden pro 10 cm** | **24** | **44** | **56** | **72** | **88** | **108** |
|---|---|---|---|---|---|---|
| Höhenmaß 15 cm | 36 | 66 | 84 | 108 | 132 | 162 |
| Breitenmaß 10 cm | 24 | 44 | 56 | 72 | 88 | 108 |

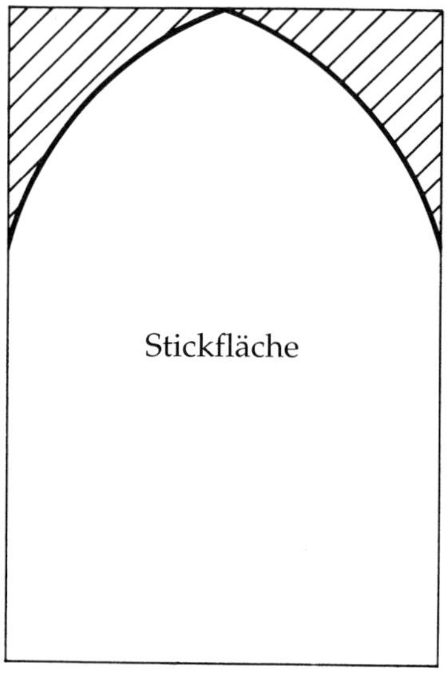


**Entwurf für einen runden oder ovalen Rahmen**
Für eine Rund- oder Ovalform Ihres Rahmens gilt dieselbe Vorgehensweise, allerdings mit einigen Besonderheiten, die sich aus der Form ergeben:

**1** Messen Sie die maximale Höhe und Breite der zur Verfügung stehenden Fläche.

**2** Verfahren Sie wie auf der vorhergehenden Seite für einen rechteckigen Rahmen beschrieben.

**3** Zeichnen Sie auf Ihrem karierten Papier die Umrißform der Öffnung ein. Damit die Linien auch wirklich symmetrisch und gleichmäßig geschwungen sind, ist es ratsam, einen Zirkel oder ein Kurvenlineal zu verwenden.

**4** Streichen Sie auf Ihrem Papier diejenigen Flächen aus, die für den Entwurf nicht verwendet werden können.

**Berechnen der Größe für den Stickgrund**
Haben Sie schon einen Entwurf auf Rasterpapier angelegt und wollen nun wissen, wie groß er bei unterschiedlicher Fadendichte auf dem Material erscheinen wird, ist die Berechnung folgende: Nehmen wir zum Beispiel das auf den vorigen Seiten gezeigte Beerenmotiv mit maximal 64 Stichen/Quadraten in der Höhe und 46 Stichen/Quadraten in der Breite. Dividieren Sie die Stichzahl durch die Anzahl der Fäden pro Zentimeter, und Sie erhalten die Endmaße der Stickerei. Also zum Beispiel:

24 Fäden/10 cm = 2,4 Fäden/1 cm
64 Stiche : 2,4 Fäden = 26,7 cm

Auch hier sollten Sie wieder die Maße für den Rand mit berücksichtigen.

Stiche

| **Fäden pro cm** | **2,4** | **4,4** | **5,6** | **7,2** | **8,8** | **10,8** |
|---|---|---|---|---|---|---|
| 64 Stiche hoch cm | 26,7 | 14,6 | 11,4 | 8,9 | 7,3 | 5,9 |
| 46 Stiche breit cm | 19,2 | 10,5 | 8,2 | 6,4 | 5,2 | 4,3 |

# Beeren

Der Entwurf besteht aus vier Beerensorten, die sich im Herbst an Gartensträuchern finden: Hagebutten, Früchte des Feuerdorns, Schneebeeren und winzige Holzäpfelchen. Ich habe sie im November gesammelt und mit gefleckten Efeublättern in einem kleinen Strauß zusammengesteckt. Später habe ich genau wie für die Pilze Bleistiftzeichnungen des Arrangements angefertigt. Beeren sind allerdings länger haltbar als Pilze, und nachdem ich die Umrißlinien für den Entwurf auf dem gerasterten Papier festgelegt hatte, konnte ich bei der Farbauswahl die Garne direkt mit den Beeren vergleichen. Beim Sticken stand der Strauß in einem kleinen Glaskrug vor mir. Dadurch konnte ich noch bestimmte Farben gegen die ursprünglich gewählten austauschen und auch weitere Differenzierungen der Schatten und bei der Form der Beeren und Blätter vornehmen. Zunächst stickte ich das Muster auf 72fädigem Stoff, einer sehr angenehmen Größe, die klein genug ist, um das Motiv zur Geltung zu bringen, aber auch ausreichend groß, um ohne große Schwierigkeiten auftrennen und Farben ändern zu können. Anschließend stickte ich dasselbe Muster noch auf Aida-Stoffe mit 56er- und 88er-Stichdichte und auf 160fädiger Seidengaze.

**Fertigstellen**

**Stickerei 56 Fäden/10 cm**
Diese Arbeit wird in einen ovalen Rahmen der Größe 17,5 × 12, 5 cm eingepaßt. Die Stickerei wird auf einen ovalen Karton aufgezogen, der genau in den Rahmen paßt. Dann wird die Rückseite des Rahmens wieder aufgesetzt.

**Stickerei 72 Fäden/10 cm**
Diese Ausführung habe ich für Grußkarten des Formats 20 × 15 cm mit ovaler Öffnung (14 × 9,5 cm) verwendet. Aufziehen nach den Anleitungen in der Karte.

**Stickerei 88 Fäden/10 cm**
Diese Version habe ich nach Anweisung des Herstellers in einen gläsernen Briefbeschwerer von 10 × 7 cm montiert.

**Stickerei 160 Fäden/10 cm**
Die Seidengaze wird auf Ihrem Kartonrahmen belassen und in einen quadratischen Rahmen (12,5 × 12,5 cm) eingepaßt.

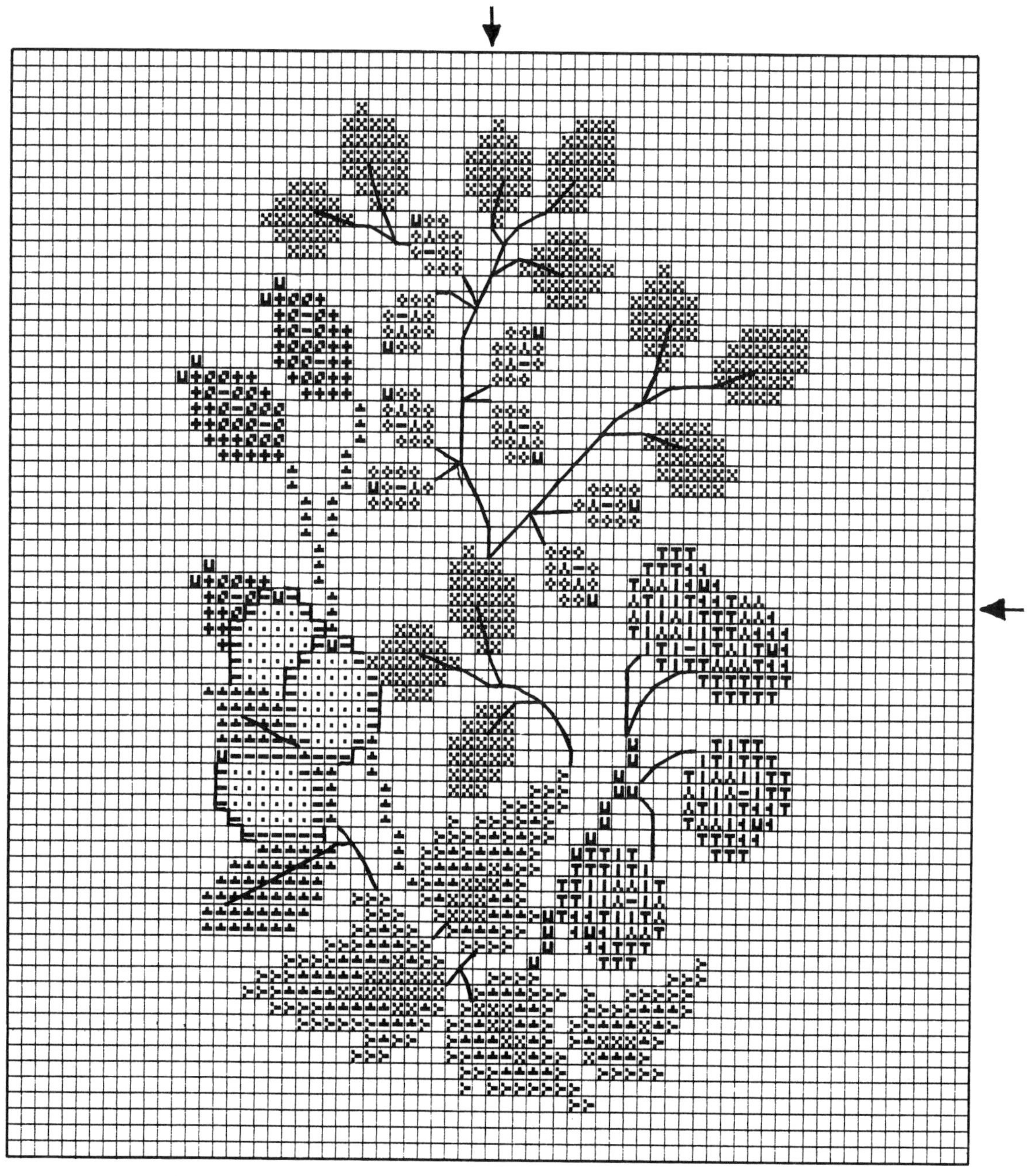

| Beeren ▲ | DMC | Anchor | Madeira |
|---|---|---|---|
| · Weiß | Weiß | 1 | Weiß |
| Dunkelrosa | 10 | 351 | 0241 |
| Hellrot | 606 | 335 | 0209 |
| Rot | 349 | 13 | 0212 |
| ✚ Dunkelrot | 816 | 799 | 0511 |
| Gelb | 726 | 295 | 0109 |
| T Dunkelgelb | 725 | 298 | 0108 |
| Blaßgrün | 3348 | 265 | 1409 |
| Grün | 3346 | 817 | 1407 |
| Dunkelgrün | 3345 | 268 | 1406 |
| – Karamel, blaß | 822 | 387 | 1908 |
| Hellbraun | 420 | 375 | 2104 |
| Dunkelbraun | 3031 | 905 | 2003 |

**Rückstiche**

Alle Rückstiche für die Stiele – mit Ausnahme die der Schneebeeren und des Efeus – in Dunkelbraun; Umrißlinie der Schneebeeren, Blattstiele und -adern sowie Efeustengel in Dunkelgrün; Feuerdorn-Blattadern in Blaßgrün

# GARTEN-BLUMEN

Eines meiner Lieblingsmotive beim naturgetreuen Entwerfen von Stickereien, nämlich Blumen, kann zur echten Herausforderung werden. In diesem Kapitel werden Möglichkeiten aufgezeigt, um auch bei einem komplizierten Thema wie diesem zu einem gefälligen Entwurf zu gelangen. Auch werden verschiedene Arten von farbigem Hintergrund vorgestellt, der Ihre Stickerei optisch steigern kann, und die Vorteile von Blumengarn behandelt.

# Blütezeiten von Blumen

Blumen sind zweifellos die beliebtesten Motive für Stickereien und finden sich zu allen Zeiten in der Geschichte der Kreuzstickerei. Rosen, Kornblumen, Nelken und Mohn zieren bereits einige der ältesten Sticktücher, und auch in den Musterbüchern heute gehören sie eindeutig zu den Favoriten.

Beim Entwerfen direkt nach der Natur stellen sie jedoch ein Problem dar: Jede Art blüht nur zu bestimmter Jahreszeit, und manchmal sind diese Perioden ziemlich kurz. Selbst in den Tropen, wo das ganze Jahr über Blumen wachsen, gibt es einige Arten, die nur in bestimmten Monaten blühen.

Falls Sie sich auf Blumenmuster spezialisieren wollen, ist es wichtig, eine gute Vorlagensammlung aufzubauen, auf die sie das ganze Jahr über zurückgreifen können. Ich selbst besitze drei Arten von Vorlagen: gepreßte Blüten und Blätter, Zeichnungen und Aquarelle sowie Fotos. Jede Methode hat Vor- und Nachteile, und jede trägt dazu bei, die Informationen der anderen beiden zu ergänzen.

**Gepreßte Originalblüten**

Diese Methode ist ideal zum Aufbewahren von Blättern (siehe Seite 11 - 22). Laub läßt sich zufriedenstellend pressen, und Blätter von blühenden Pflanzen wirken sehr gut als Ergänzung der Entwürfe. Wo es paßt, füge ich gerne Blätter in den Entwurf mit ein, aber es gibt Grenzen: In der Natur zeigen sich nur wenige Blätter in vollständigem Umriß; manche sind eingerollt oder stehen nach oben, und mit zu vielen flachen Blattdarstellungen wirkt eine Stickerei unnatürlich.

Auch Blüten können gepreßt werden, aber ich finde, daß das Ergebnis nur bei einigen wenigen akzeptabel ist. Sie sehen oft welk aus und verlieren selbstverständlich ihre ursprüngliche Form. Stiefmütterchen und andere Blüten mit flacher Oberfläche können einigermaßen gut gepreßt werden, aber bei Glocken- und Röhrenformen ist es ziemlich nutzlos.

**Zeichnung und Aquarell**

Wahrscheinlich ist dies die beste Methode, weil Sie die Blumen genau in der von Ihnen gewünschten Ansicht darstellen können und überflüssiger Hintergrund, der das Bild stört, weggelassen werden kann. Allerdings müssen Sie in der Lage sein, einigermaßen genau zu zeichnen, Zeit und Ruhe besitzen und sich zu konzentrieren, um größtmögliche Ähnlichkeit zu erzielen. Eine gemalte Blume ist durch Wiedergabe von Farbe und Form unschätzbar für Ihr Archiv, aber es kann mehrere Stunden dauern, bis ein kleines Blumenarrangement zufriedenstellend zu Ende gebracht ist. Wenn ich Zeit habe, ist dies meine liebste Methode – aber für die meisten von uns ist Zeit wohl sehr kostbar.

**Fotografien**

Mit der Fotografie können Sie eine Blume in Sekundenschnelle auf einem Film festhalten. Gute Farbfilme gewährleisten eine hervorragende Farbwiedergabe. Ich verwende eine 35 mm-Spiegelreflexkamera mit einem aufsetzbaren Teleobjektiv. Damit kann aus sehr geringer Distanz eine Nahaufnahme mit genau erkennbaren Details gemacht werden. Auch ist es mit diesem Objektiv eher möglich, den Bildausschnitt der Aufnahme zu bestimmen. Trotz alledem können Sie selbst mit dem einfachsten Apparat ein für Ihre Zwecke ausreichendes Ergebnis erzielen, vorausgesetzt, Sie gehen so nah wie möglich an Ihr Objekt heran und stellen die Schärfe genau ein.

DMC
2727

# *Zählstoffe in vielen Farben*

Die meisten Kreuzstichmuster werden für cremefarbene oder weiße Stoffe entworfen, und diese beiden Farben sind auch in größter Auswahl erhältlich. Daneben gibt es aber auch ein breites Spektrum an Farbtönen, und ich finde es schade, daß sie nicht öfter verwendet werden: Machen Sie sich die Mühe, sie auszusuchen!

Die leuchtenden Grün- und Rottöne werden oft mit Weihnachtsmotiven bestickt, aber es werden auch viele dezente Farben für zartere Motive angeboten. Blaßblau zum Beispiel könnte man für Himmel als Hintergrund verwenden, und ein zartes Grün eignet sich gegebenenfalls für eine Szene mit Wasser und nur einigen Rückstichen für Details.

Für die Fuchsien des Glockenzugs zum Beispiel (Seite 54) habe ich blaßgrünes Leinen verwendet, weil ich fand, daß dies der perfekte Untergrund für die lebhaften Farben der Blumen ist. Das Primelmotiv (Seite 55) habe ich auf zartestes Rosa gestickt, damit die dunkleren Rosatöne der Blüten besser zur Geltung kommen. Für das Stiefmütterchen habe ich blasses Blaugrau ausgesucht, das die dunkleren Farben des Musters ideal ergänzt.

Der Kaminschirm stellte ein größeres Problem dar, weil der Entwurf ein großes Spektrum an Farben enthält: verschiedene Rot-, Gelb-, Weiß- und Blauschattierungen und Pastellfarben, Grün- und Brauntöne. Genauso verschieden sind die Blumenarten: vom winzigen weiß und blaßgrünen Schneeglöckchen über die farbenfrohen Anemonen bis hin zum kräftigen Rot und Grün der Stechpalmen- und Geißblattbeeren. Eine Farbe zu finden, die die blasseren Blüten optisch verstärkt, die Wirkung der leuchtenderen Blüten und Beeren jedoch nicht dämpft, war eine schwierige Aufgabe. Auch sollte die Farbe gut zu dem Rotbraun des Rahmens passen. Schließlich entschied ich mich für den pergamentfarbenen Ton.

Die Farbwahl wird stark vom individuellen Geschmack und persönlichen Vorlieben bestimmt. Ich möchte Ihnen lediglich raten, beim Entwerfen mit verschiedenfarbigem Hintergrund zu experimentieren. Falls Sie im örtlichen Handarbeitsgeschäft keine große Auswahl an farbigen Zählstoffen vorfinden, versuchen Sie es mit Bestellung (siehe Bezugsquellen Seite 128).

**Blumengarn**

Das originale Blumengarn stammt aus Dänemark und wird für die Dänische Kunsthandwerksvereinigung hergestellt, die in starkem Maß auch traditionelle Handarbeiten fördert. Das Blumengarn wurde 1929 von Else Johnson eingeführt, die als erste ein Tischtuch mit diesem besonderen Garn bestickte. Es ist mattes, reines Baumwollgarn, das zu einem einzigen weichen Faden gesponnen ist und in über 100 zarten Tönen eingefärbt wird. Die Farbskala für das originale dänische Blumengarn basiert vorwiegend auf den exquisiten Blumendesigns von Gerda Bengtsson und auf den traditionellen Farben dänischer Stickereien.

DMC hat inzwischen ein ähnliches Blumengarn im Programm. Es wird aus reiner, gekämmter kalifornischer Baumwolle hergestellt und besitzt eine matte Oberfläche. Auch dieses Garn ist zu einem einzigen weichen Faden gesponnen und ist in 20-m-Strängen in 180 Farbtönen erhältlich. Aufgrund seiner natürlichen Farben und seiner Weichheit ist Blumengarn ideal für Stickereien auf Baumwolle oder Leinen.

Ein ähnliches Garn wird unter dem Namen Anchor Nordin auch von Coats Mez angeboten.

Da die einzelnen Fäden von Blumengarn dicker sind als ein Faden des gewöhnlichen Sticktwists wird für Arbeiten auf 72fädigem oder feinerem Material nur einfach gestickt. Bei 56 Fäden/10 cm können ein oder zwei Fäden verwendet werden, je nach beabsichtigter Wirkung. Auf weniger dichten Stickgründen sollte man mit doppeltem Faden arbeiten.

# Glockenzug

Für den Glockenzug habe ich Fuchsien als Motiv ausgewählt. Sie haben schon immer zu meinen Lieblingsblumen gehört, und ihre hängenden, laternenförmigen Köpfe schienen mir ideal für einen Entwurf, der auf Wiederholung von Einzelelementen basiert. Wenn Sie diese Methode anwenden wollen, um ein eigenes Rapportmuster zu entwerfen, eignen sich besonders auch Glyzinen oder Clematis.

**Material**

Für die folgende Entwurfsmethode: Fotos und andere Vorlagen der von Ihnen gewählten Blume · Zeichenmaterialien und Rasterpapier siehe Seite 12

Für einen Glockenzug mit 17,5 × 51 cm Endmaßen: 30, 5 × 61 cm blaßgrüner Feinaida-Stoff (72 Fäden/10 cm) · 23 × 57 cm Futterstoff · 17,5 × 51 cm Einlage zum Aufbügeln · Blumengarn in den in der Tabelle (Seite 54) angegebenen Farben · Ein Paar Aufhänger aus Holz, Länge 17,5 cm (Bezugsquellen siehe Seite 128)

**1** Zunächst zeichnete ich die Fuchsien nach einigen meiner Fotos, aber die detailliertesten Aufnahmen, die ich hatte, zeigten rote und rosafarbene Blüten. Ich stellte mir allerdings flammendere, leuchtendere Farben für meinen Glockenzug vor. Bei der Durchsicht von Gartenzeitschriften fand ich einige Abbildungen von Fuchsien in genau den Tönen, die ich haben wollte. Die Fotos waren klein und nicht sehr klar in den Details, aber es gelang mir, die Details meiner eigenen Fotos mit den Farben aus dem Magazin zu verbinden.

**2** Die Endmaße des Glockenzugs sollten 17,5 × 51 cm betragen, und ich hatte vor, das Motiv dreimal zu wiederholen. Ich stellte mir außerdem einen 2 cm breiten Rand an beiden Längsseiten vor. Das Motiv durfte nicht breiter als 14 cm sein; beim Sticken auf 72fädigem Leinen hatte ich also nicht mehr als knapp 100 Quadrate/Stiche zur Verfügung. Ich rechnete mir also aus, daß ich demzufolge ungefähr dieselbe Anzahl an Quadraten/Stichen in der Länge ansetzen konnte. Tatsächlich kam der fertige Entwurf auf 97 Quadrate in der Breite und 90 in der Länge – was bei den vorgegebenen Maßen gut funktionierte.

**3** Meine Zeichnung mußte um das Doppelte größer werden. Ich hätte sie fotokopieren können, beschloß aber, die traditionelle Methode mit einem Raster anzuwenden: Ein Raster doppelter Größe auf ein separates Blatt Papier zeichnen und dann die Zeichnung Quadrat für Quadrat auf das größere Muster übertragen.

**4** Über die vergrößerte Zeichnung kariertes Transparentpapier mit 40 Quadraten/10 cm legen und die Umrißlinie den horizontalen und vertikalen Linien des Rasters folgend nachzeichnen.

**5** Wenn Sie ein Rapportmuster entwerfen, sollten Sie darauf achten, daß keine durchgehenden Trennungslinien an den Stellen erkennbar sind, wo ein Teil endet und der nächste beginnt. Das untere Ende eines Motivs sollte fließend in das folgende übergehen. Bei einem weitgehend ausgestickten Entwurf können Sie die Anschlüsse so planen, daß Anfang und Ende des Rapports nur sehr schwer erkennbar sind. In meinem Fuchsienentwurf ist die Trennungslinie nicht so leicht zu kaschieren, aber indem ich das obere Blatt für das zweite Motiv in den freien Raum links unter die halb geöffnete Blüte setzte, verbinden sich die wiederholten Motive ohne harte Trennungslinie.

**6** Um einen dreidimensionalen Eindruck entstehen zu lassen, mußten die Farben mit Bedacht ausgewählt werden. In der Regel werden drei Töne derselben Farbe benötigt, um eine Unterscheidung in starken Schatten, Halbschatten und Sonnenlicht zu ermöglichen. Wenn Sie sich die Farbtabelle zum Muster ansehen, werden Sie feststellen, das ich genau das versucht habe.

### Anfertigen des Glockenzugs

Nach dem fertigen Zählmuster durchgehend mit einfädigem Blumengarn sticken, dann den Aida auf 23 × 58 cm zuschneiden. Die Bügeleinlage in die Mitte der Rückseite legen und festbügeln.
Legen Sie entlang der Längsseiten einen 12 mm breiten Saum und bügeln Sie in fest. Genauso verfahren Sie mit dem Futterstoff, wobei Sie darauf achten sollten, daß das Futter ein wenig schmäler ist als die Vorderseite mit der Stickerei. Dadurch kann der Futterstoff auf der rechten Seite nicht vorschauen. Nähen Sie zunächst eine, dann die gegenüberliegende Längsseite des Futters auf der Rückseite an.
Schlagen Sie die Ober- und Unterkanten um 6 mm und 3 cm ein und nähen Sie sie mit der Hand an, wobei Sie Öffnungen für die Aufhängestangen lassen. Vorsichtig von links dämpfen und die Stäbe durchziehen.

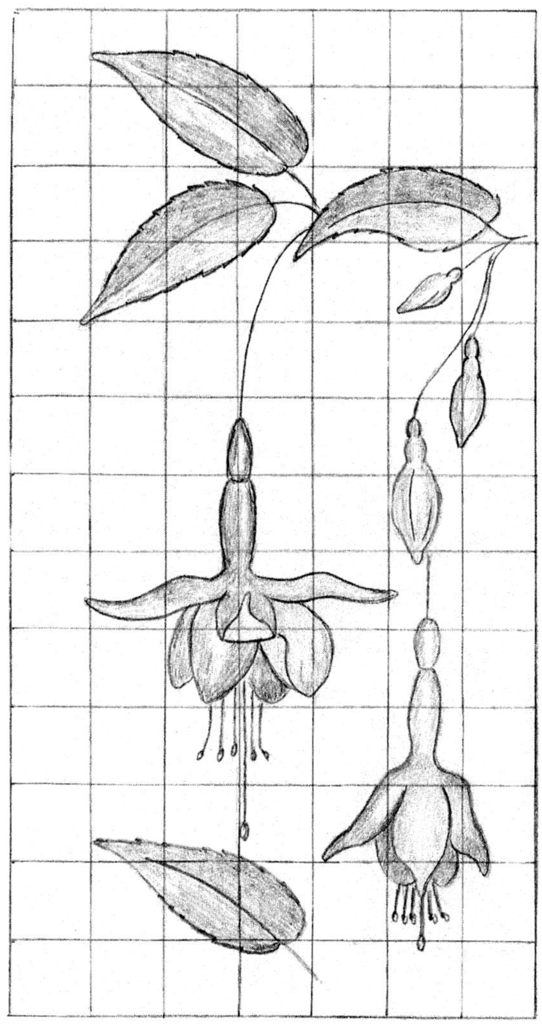

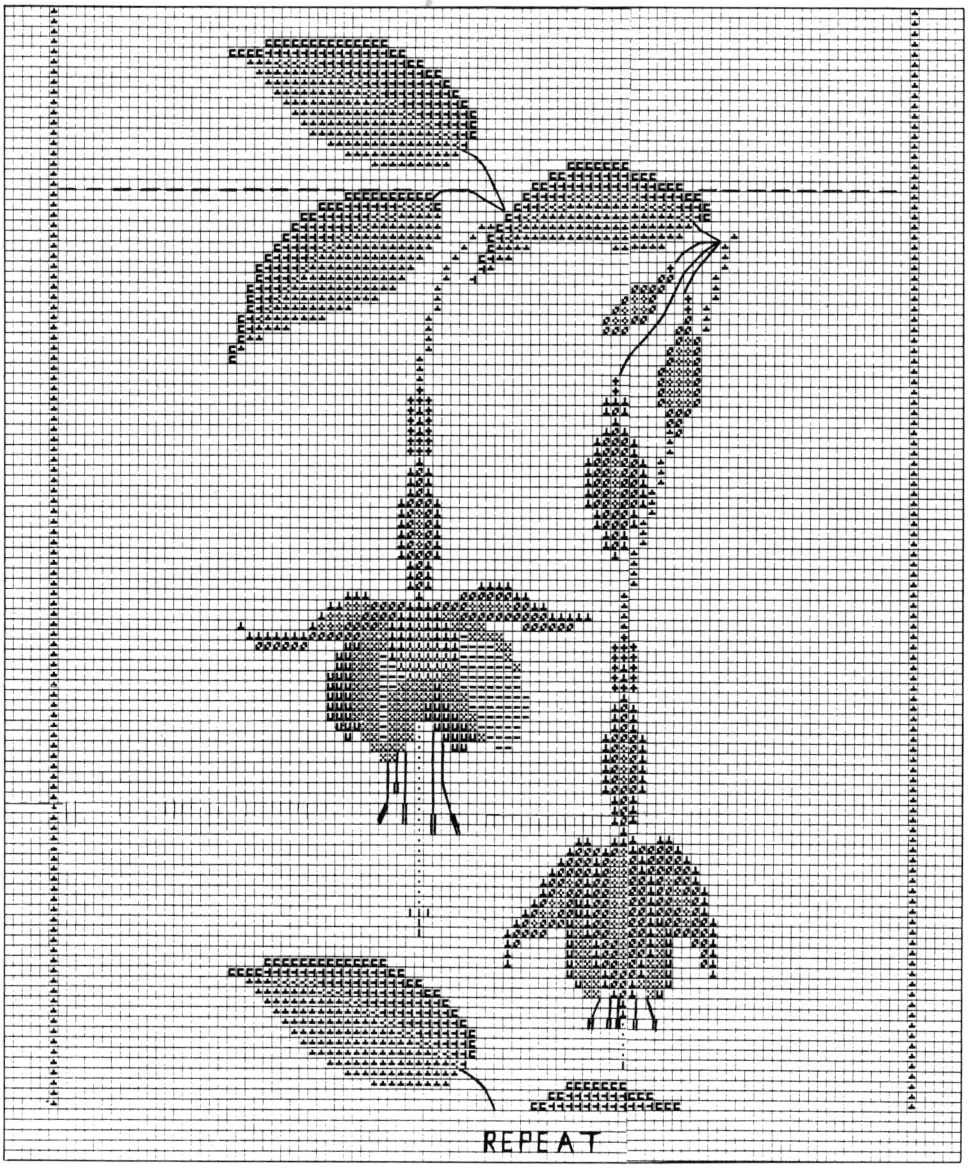


◀ Zweiten und dritten Rapport hier ansetzen.

| Fuchsien ▲ | DMC (Blumengarn) | Dänisches Blumengarn |
|---|---|---|
| ▪ Blaßrosa | 2776 | 69 |
| ▌ Rosa | 2760 | 12 |
| ⅄ Dunkelrosa | 2309 | 86 |
| Rosarot* | 2899 | 12 |
| ✣ Hellrot | 2666 | 97 |
| ◘ Dunkelrot | 2304 | 400 |
| ▬ Malve | 2209 | 233 |
| ✖ Helles Purpurrot | 2532 | 234 |
| ⊔ Purpurrot | 2394 | 5 |
| ┻ Helles Kastanienbaumbraun | 2815 | 411 |
| ✚ Kastanienbraun | 2902 | 4 |
| ┫ Blaßgrün | 2369 | 99 |
| ┻ Mittelgrün | 2320 | 9 |
| ┫ Grün | 2319 | 238 |
| ⊏ Dunkelgrün | 2890 | 210 |

**Rückstiche**

Rosarot* wird ausschließlich für den Rückstich verwendet. Verwenden Sie Mittelgrün für Blatt- und Blütenstiele, Blaßrosa für die Stempelstiele und Rosarot für die Stempel selbst.

= Rosarot

___ Andere Rückstiche

# Potpourrihäubchen

Für dieses Paar Potpourrihäubchen dienten Stiefmütterchen und Primeln als Vorlage. Diese beliebten, leuchtend farbigen Blumen blühen fast das ganze Jahr hindurch und wachsen in Blumenkästen am Fensterbrett oder Innenhöfen genauso gut wie in einem Blumenbeet im Garten. Die Stickmuster basieren auf Aquarellentwürfen (siehe unten).

**Material**

Für jedes Deckchen mit 19 cm Gesamtdurchmesser, einschließlich der 12 mm breiten Spitzeborte:

20 × 20 cm Stern-Aida-Stoff (56 Stiche/10 cm) in der Farbe Ihrer Wahl · Blumengarn in den angegebenen Farben · 70 cm Spitzenborte, 12 mm breit · 1 m farbiges Band, 6 mm breit · Potpourri (Gewürzmischung) und ein Glas mit einer Öffnung von 7,5 cm Durchmesser an der Öffnung

**Anfertigen der Häubchen**

Beide Häubchen werden in gleicher Weise angefertigt. Die Stickerei mit doppeltem Blumengarn fertigstellen. Die Zirkelspitze genau in die Mitte des gestickten Motivs stecken und einen Kreis mit 8 cm Radius ziehen. Wenn Sie keinen Zirkel haben, können Sie auch eine geeignete Schablone verwenden, aber damit ist es schwieriger, das Motiv genau in die Mitte des Kreises zu setzen.
Den angezeichneten Kreis vorsichtig aus dem Stoff ausschneiden und die Kanten mit der Maschine versäubern. Die Spitzenborte an den Schmalseiten mit einer schmalen französischen Naht zusammenfügen und mit der Hand leicht gekräuselt um den Stoff herum annähen.
Das Glas mit dem Potpourri füllen und das Deckchen darüberlegen. Das farbige Band mit einer Schleife darumbinden.

Die Entwürfe wurden mit Aquarellfarben angelegt und auf kariertem Papier in ein Zählmuster umgewandelt.

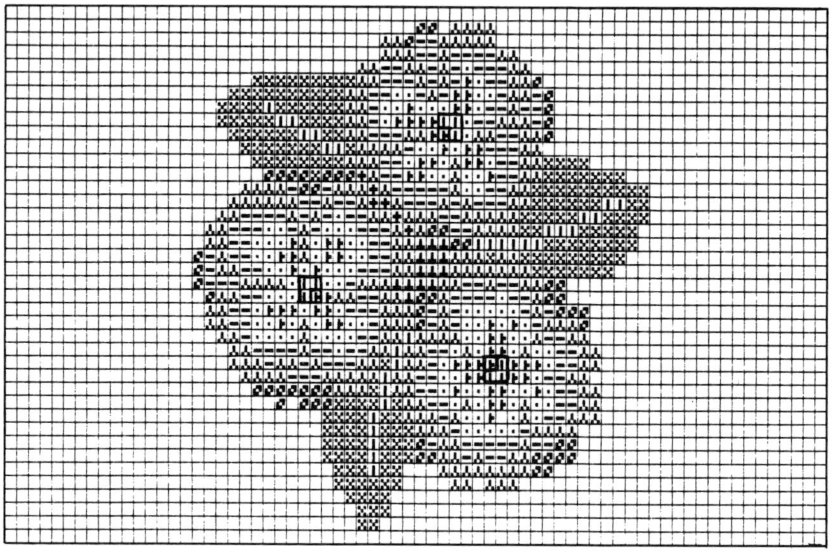

| Primeln ▲ | DMC (Blumengarn) | Dänisches Blumengarn |
|---|---|---|
| ▪ Weiß | Weiß | 600 |
| ▬ Blaßrosa | 2818 | 1 |
| ⅄ Rosa | 2309 | 86 |
| ◘ Dunkelrosa | 2326 | 88 |
| ✚ Dunkelrot | 2814 | 205 |
| ▶ Gelb | 2726 | 46 |
| ▌ Blaßgrün | 2471 | 40 |
| ✖ Grün | 2469 | 10 |
| ┻ Dunkelgrün | 2937 | 237 |

**Rückstich**
Rückstiche in der Blumenmitte in Grün.

| Stiefmütterchen ▼ | DMC (Blumengarn) | Dänisches Blumengarn |
|---|---|---|
| ▪ Weiß | Weiß | 600 |
| ◘ Gelb | 2726 | 46 |
| ▬ Blaßviolett | 2210 | 232 |
| ⅄ Violett | 2209 | 233 |
| ✜ Purpur | 2532 | 234 |
| ✚ Dunkles Purpur | 2531 | 5 |
| ▙ Marineblau | 2823 | 201 |
| ▌ Blaßgrün | 2471 | 40 |
| ✖ Grün | 2469 | 10 |
| ┻ Dunkelgrün | 2937 | 237 |
| ■ Schwarz | 2310 | 240 |

**Rückstich** Rückstiche in der Blumenmitte in Schwarz.

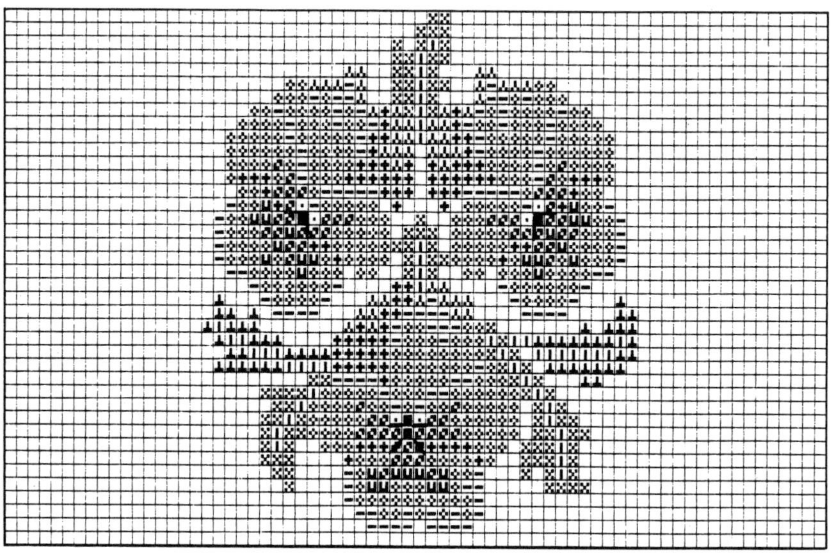

# *Kaminschirm*

**Material**

Für einen Kaminschirm 71 × 49,5 cm mit einer Innenfläche von 40,5 × 45,5 cm:

66 × 68,5 cm pergamentfarbener Stern-Aida-Stoff (56 Stiche/10 cm) · Blumengarn in den auf Seite 60, 62, 64 und 65 angegebenen Farben · Kaminschirm (siehe Bezugsquellen Seite 128)

Für den Kaminschirm entschloß ich mich zu einem gewagten Entwurf mit vier Blumengruppen, die zu den unterschiedlichen Jahreszeiten blühen. Gestickt habe ich auf Stern-Aida-Stoff, und alle ausgewählten Blumen sind Lieblingsblumen, die zusammen gesehen ein besonders buntes und hübsches Bild ergeben.
Wenn Sie eigene Motive für diesen Kaminschirm verwenden wollen, könnten Sie die einfache gestickte Borte meines Entwurfs übernehmen und ihre eigenen Blumenmuster in die rechteckigen Flächen einsetzen. Legen Sie Ihren Entwurf in diesem Fall nach der Beschreibung auf Seite 26 zuerst in Bleistift und dann als Aquarell an. Auf diese Weise bekommen Sie eine ziemlich genaue Vorstellung davon, wie das fertige Feld aussehen wird, bevor Sie mit dem Sticken anfangen.

**1** Meinen Entwurf begann ich mit einem Stück Stern-Aida-Stoff (56 Stiche/10 cm) in den Maßen 66 × 68,5 cm. Die Fläche des Kaminschirms ist 40,5 × 45,5 cm groß, was bedeutet, daß 226 Quadrate in der Breite und 254 in der Länge zum Sticken zur Verfügung stehen. Ich habe diese Anzahl der Quadrate/Stiche auf dem Stoff ausgezählt und anschließend die Fläche mit hellem Nähfaden ringsum abgeheftet.

**2** Wichtig ist, daß die tatsächlich bestickte Fläche nicht bis an den Holzrahmen reicht. Also heftet man eine zweite Linie im Abstand von zwölf Quadraten zu der äußeren Markierung. Diese zweite Linie markiert den Rand der Stickerei.
Falls Sie selbst eine ähnliche Borte entwerfen wollen, ist es eine Erleichterung, eine ungerade Zahl von Quadraten dafür zu bestimmen. Dadurch liegt der Mittelpunkt der Strecke auf einem Quadrat und nicht zwischen zwei Stichen/Quadraten. Im speziellen Fall dieses Kaminschirms müßten Sie dadurch Ihre Heftlinie auf einer der Längs- und an einer Schmalseite um ein Quadrat nach innen schieben.

**3** Der Entwurf für jede der vier Flächen wurde genauso wie für den Kissenbezug (siehe Seiten 29-37) angefertigt.

**Fertigstellen des Schirms**

Die Stickerei für den Kaminschirm wurde in vier Zählmuster unterteilt; auf der Abbildung Seite 63 ist die Anordnung zu erkennen. Das Zählmuster für Frühling finden Sie auf Seite 60, für Sommer auf Seite 62, für Herbst auf Seite 64 und Winter auf Seite 65. Heften Sie zu Beginn die Mittellinien in horizontaler und vertikaler Richtung ab, damit die einzelnen Felder für die Jahreszeiten bestimmt sind und sticken Sie dann nacheinander die einzelnen Bilder, jeweils mit ihrem Rand. Verwendet wird doppeltes Blumengarn.
Wenn die Arbeit fertiggestellt ist, dämpfen Sie die Stickerei vorsichtig von links.
Ziehen Sie das Bild auf den mit dem Kaminschirm gelieferten Rahmen auf. Verbinden Sie die Ecken diagonal mit einem starken Faden, bevor Sie das Stickbild in den Kaminschirm einsetzen und an Ort und Stelle befestigen.
Selbstverständlich läßt sich die Stickerei auch als Bild rahmen.

| Frühjahr ▲ | | DMC (Blumengarn) | Dänisches Blumengarn |
|---|---|---|---|
| ▪ | Wollweiß | Ecru | 0 |
| | Blaßrosa* | 2818 | 1 |
| | Rosa | 2776 | 69 |
| | Rosaviolett | 2916 | 234 |
| | Schmutziges Rosa | 2223 | 3 |
| | Braunrosa | 2222 | 235 |
| | Helles Rosaviolett | 2608 | 232 |
| | Dunkles Rosaviolett | 2719 | 37 |
| | Schmutziges Violett | 2315 | 11 |
| | Rot* | 2666 | 99 |
| | Schmutziges Rot | 2570 | 205 |
| | Dunkelrot | 2814 | 205 |
| | Kastanienbraun | 2902 | 4 |
| | Gelb | 2726 | 46 |
| | Senffarben | 2725 | 203 |
| | Gelbgrün | 2734 | 218 |
| | Dunkles Gelbgrün | 2732 | 26 |
| | Blaßgrün | 2369 | 99 |
| | Grün | 2469 | 10 |
| | Helles Blaugrün | 2320 | 9 |
| | Blaugrün | 2319 | 238 |
| | Dunkelgrün | 2937 | 237 |
| | Braun | 2840 | 216 |

**Rückstiche**

Rot* und Blaßrosa* werden ausschließlich für Rückstiche verwendet. Wollweiß für die Blütenmitte der Christrose *(Helleborus orientalis)*, helles Blaugrün für die Alpenveilchenblüte und deren Blattstiele, Blaßgrün für die Blattadern, Braun für den Haselnußzweig, Rot* für die Stempel des Haselnußzweigs und Blaßrosa für die Blütenmitte des Alpenveilchens.

| **Sommer ▲** | **DMC (Blumengarn)** | **Dänisches Blumengarn** |
|---|---|---|
| Weiß | Weiß | 600 |
| Wollweiß | Ecru | 0 |
| Blaßrosa | 2818 | 1 |
| Dunkelrosa | 2899 | 2 |
| Rosaviolett | 2719 | 37 |
| Violett | 2210 | 232 |
| Dunkelviolett | 2532 | 234 |
| Purpur | 2531 | 5 |
| Rot | 2666 | 97 |
| Dunkelrot | 2815 | 411 |
| Kastanienbraun | 2902 | 4 |
| Hellgrün | 2472 | 223 |
| Mittelgrün | 2471 | 40 |
| Grün | 2469 | 10 |
| Gelbgrün | 2732 | 26 |
| Flaschengrün | 2890 | 210 |
| Dunkelgrün | 2937 | 237 |
| Schwarz | 2310 | 240 |

**Rückstiche**

Wollweiß für die Blütenmitte der Anemone, Hellgrün für den Umriß der Clematis, Rosaviolett für die Spitze der Clematisknospe, doppelfädiges Dunkelgrün für die Clematisstengel und -ranken und Dunkelbraun für die Blütenmitte der Clematis.

Frühling

Sommer

Herbst

Winter

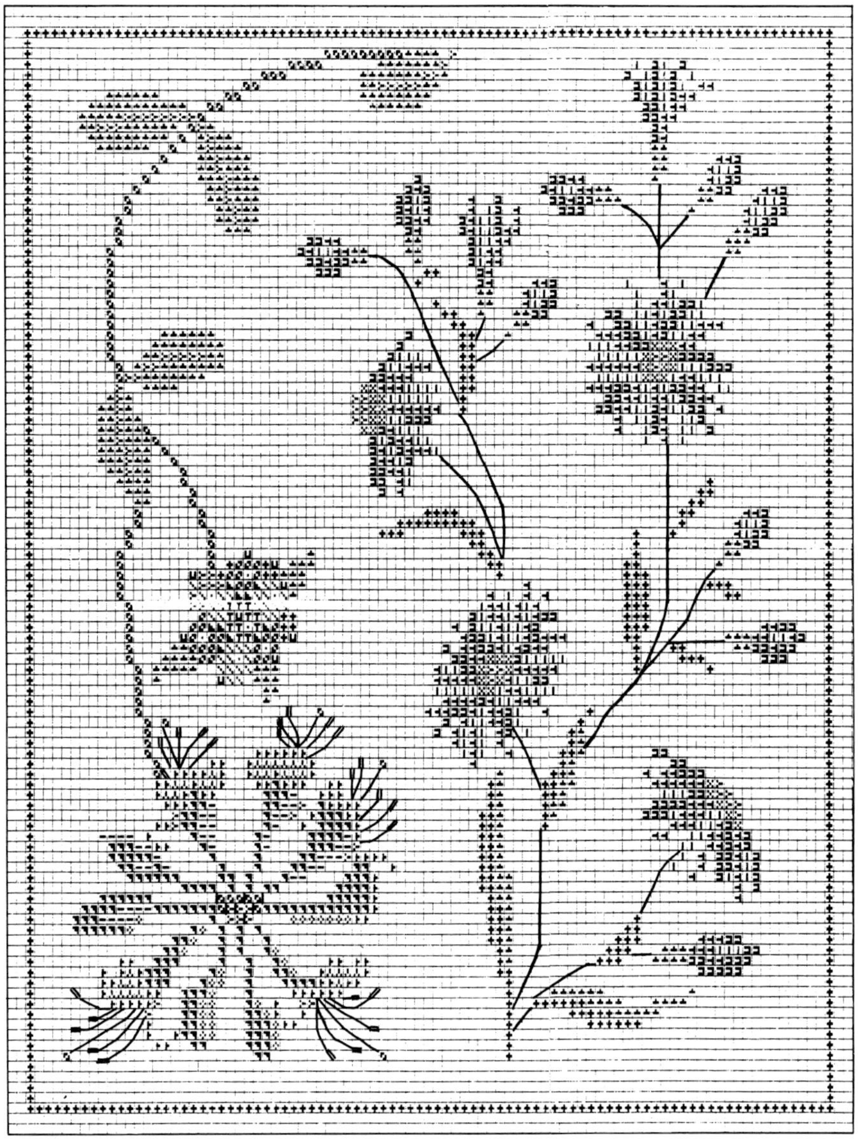

| Herbst ▲ | DMC (Blumengarn) | Dänisches Blumengarn |
|---|---|---|
| Weiß | Weiß | 600 |
| Rosa | 2776 | 69 |
| Schmutziges Rosa | 2761 | 12 |
| Dunkelrosa | 2899 | 2 |
| Rot | 2666 | 97 |
| Dunkelrot | 2815 | 411 |
| Violett | 2210 | 232 |
| Dunkelviolett | 2532 | 234 |
| Purpur | 2394 | 5 |
| Gelb | 2727 | 16 |
| Senffarben | 2725 | 203 |
| Dunkelgelb | 2726 | 46 |
| Orange | 2740 | 53 |
| Dunkelorange | 2946 | 504 |
| Gelbgrün | 2734 | 218 |
| Dunkles Gelbgrün | 2732 | 26 |
| Grün | 2469 | 10 |
| Dunkelgrün | 2937 | 237 |
| Dunkelbraun | 2938 | 216 |

**Rückstiche**

Einfädiges dunkles Gelbgrün für die Staubgefäße des Geißblatts und Dunkelbraun für die Blütenmitte und die Enden der Staubgefäße, doppelfädiges Grün für die Stiele der Herbstastern.

| Winter ▲ | | DMC (Blumengarn) | Dänisches Blumengarn |
|---|---|---|---|
| ▪ | Weiß | Weiß | 600 |
| ▞ | Rot | 2666 | 97 |
| ▙ | Dunkelrot | 2815 | 411 |
| ⅄ | Blaßgelb | 2727 | 16 |
| ▶ | Gelb | 2726 | 46 |
| ✖ | Senffarben | 2725 | 203 |
| | Helles Blaugrün* | 2320 | 9 |
| T | Blaugrün | 2319 | 238 |
| I | Sehr blasses Grün | 2715 | 302 |
| ⬊ | Hellgrün | 2471 | 40 |
| ⊥ | Leuchtendes Grün | 2469 | 10 |
| ✚ | Grün | 2937 | 237 |
| ⊏ | Dunkelgrün | 2937 | 210 |
| ⊣ | Braun | 2610 | 251 |
| ⊔ | Dunkelbraun | 2938 | 216 |

**Rückstiche**

Helles Blaugrün* (nur Rückstich) für die Schneeglöckchenblüten, Hellgrün für Umrißlinie des Jasmins und Braun für die Stacheln und Zweige der Stechpalme, jeweils mit einem Faden in der Nadel; doppelfädiges Hellgrün für die Schneeglöckchenstiele.

# HAUSTIERE

Jeder Mensch hat ein Lieblingstier, und ein Kreuzstichbild kann auch wohlgehütete Erinnerung an ein geliebtes Haustier sein. Versuchen Sie, ein solches Porträt noch interessanter zu gestalten, indem Sie den Hintergrund mit Stoffarbe bemalen oder glitzernde Fäden für feine Glanzlichter verwenden, die Ihrem Entwurf eine aparte Note verleihen.

# Spezielle Effekte

Die Entwürfe der folgenden Seiten sind sämtlich für Grußkarten bestimmt, können aber genauso leicht als kleine Bilder verwendet werden. Jedes Motiv wurde mit einem oder mehreren einfachen Spezialeffekten gestickt. Manche haben einen mit Stoffarbe bemalten und mit Filzstiften gehöhten Hintergrund. Vorsicht: Achten Sie in Hinblick auf eine notwendige Wäsche darauf, daß die verwendeten Farben wasserfest sind!

Manche Stickereien enthalten glitzernde Fäden – „Normalglanz", „Hochglanz" und „Glimmer im Dunkel". Deren Wirkung ist auf Fotos nicht in vollem Umfang erkennbar, aber ich hoffe trotzdem, daß Sie damit experimentieren werden, denn die Ergebnisse sind oft höchst erfreulich.

Auch durch Sticken mit verschiedenfarbigen Garnfäden können spezielle Effekte erzielt werden, die mit einer Farbe an einem bestimmten Punkt nicht erreichbar wären.

Probieren Sie also alle denkbaren Kombinationen aus, um Ihren Arbeiten das gewisse Etwas zu verleihen!

**Bemalte Hintergründe**

Die meisten Kreuzstichmuster werden für einfarbigen Hintergrund entworfen. Warum nicht einmal den Hintergrund einfärben oder lustig mit Stoffarben bemalen, anstatt nur auf weißem, creme- oder pastellfarbenem Stoff zu sticken? Geeignete Farben sind von mehreren Herstellern lieferbar, aber achten Sie darauf, daß sie farb- und waschecht sind.

Mit einem einfachen Aquarellpinsel oder – noch mutiger – mit der Airbrush-Pistole können Sie einen gefleckten oder scheckigen Hintergrund für Ihr Motiv zaubern, der an Wasser, Gras, Himmel, Wald, Erdreich oder was auch immer erinnert. Und Sie werden Genugtuung empfinden im Wissen, daß dies einmalig ist!

Bei kleinen, zarten Mustern halte ich es für geeigneter, den Stoff zu färben. Denn wenn die Bemalung zu dominant ist, lenkt sie von der Stickerei ab.

Vergessen Sie trotz allem nicht, den Stoff vor dem Sticken vorzubereiten. Farbe kann spritzen, und je wäßriger sie ist, desto leichter. Ein Bearbeiten des Hintergrunds nach dem Sticken kann alles zerstören!

**Bemalen**

Treffen Sie die Farbwahl für Ihre Stickerei und legen Sie die Garne bereit, wenn Sie die Farben mischen. Dadurch vermeiden Sie, daß einzelne Töne nicht harmonieren.

Wenn Sie mit dem Pinsel malen, nehmen Sie einfach eine kleine Menge Farbe auf eine Palette oder einen Teller und verdünnen sie mit Wasser, bis der richtige Farbton erreicht ist. Bei der begrenzten Anzahl fertiger Farben ist es oft notwendig, feinere Farben selbst zu mischen. Testen Sie Ihre Farben immer erst vor dem Malen auf einem Probestück!

Bei Airbrush-Pistolen sind mehrere Marken und unterschiedliche Typen erhältlich. Ihre Wahl hängt davon ab, wie häufig sie das Gerät benutzen wollen und wieviel Sie ausgeben können.

Vergewissern Sie sich vor dem Füllen des Airbrushbehälters, daß die Farbe leicht fließt und keine kleinen Klümpchen enthält – sonst verstopft sie den Kanal. Halten Sie 10 bis 15 cm Abstand zum Stoff und bewegen Sie Ihren Arm in einer kreisenden, lockeren Bahn. Bauen Sie so den Farbton langsam auf. Zum Ziehen dünnerer Striche den Spraydosenkopf näher an den Stoff halten. Auch hier zunächst an einem Probestück üben.

Bei jedem Farbwechsel den Behälter leeren und mit Wasser ausspülen, bis alle Farbreste entfernt sind. Auch bevor Sie das Gerät wegstellen, sollten Sie es sorgfältig reinigen. Ein winziges Stück getrockneter Farbe kann den Kanal verstopfen und nur mühsam zu entfernen sein.

**Metallfäden**

Im alten Ägypten und China wurden Stickereien schon mit verschiedensten Fasern aufgewertet. Auch im mittelalterlichen Europa und auch in jüngerer Zeit war dies üblich. Damals gaben sich Sticker nicht damit zufrieden, lediglich mit einer Art Faden – bei uns Baumwolle für Kreuzstickerei und Wolle für Gobelinstich – zu arbeiten. Sie kombinierten Seide, Leinen und Metallfäden mit Baumwoll- und Wollfasern, damit ihre Stickereien einen starken optischen Reiz ausübten. In späteren Jahrhunderten wurde diese Freiheit mehr und mehr eingeschränkt, und unsere Handarbeiten verloren an Lebendigkeit und Glanz.

Seit zwei Jahrzehnten sind Metallic-Garne auf dem Markt, die die Möglichkeiten für Stickereien revolutionär erweitert haben. Auf manche Menschen üben Metallfäden eine unmittelbare, wenngleich oberflächliche Anziehungskraft aus, denn damit können Sie ihrer Arbeit Glanz und Glitter verleihen und einen Blickfang daraus machen. Zunehmend werden jedoch auch die dezenteren Qualitäten eines durch Metallfäden gehöhten Entwurfs gewürdigt. Glitzernde Fasern reflektieren und rufen beispielsweise den Eindruck von Sonnenlicht auf einer Wasseroberfläche, von Schnee oder Reif hervor. Auch verleihen sie Motiven mit Mond- oder Sternenlicht einen gewissen Realismus. Bei der Darstellung von Vögeln mit irisierenden Federn, wie Eisvogel oder Kolibri, eröffnet sich eine neue Dimension. Die Möglichkeiten sind endlos.

Für meine Entwürfe, die in der Regel klein und detailliert angelegt sind, verwende ich durchaus glänzende Elemente. Es ist im allgemeinen einfädiges Metallic-Garn, meist in Verbindung mit spaltbarem Baumwollgarn. Es kann aber auch allein verarbeitet werden, am besten auf 88fädigem oder feinerem Stickgrund. Metallic-Fäden werden in „Normalglanz" und „Hochglanz" angeboten. Wenn Ihnen gewagtere Stickereien vorschweben, ist außerdem eine große Auswahl an dickeren Garnen vorhanden.

Handarbeiten, die Metallfäden enthalten, können – mit Ausnahme der Japanfäden – in der Maschine gewaschen und bei niedriger Temperatur sogar im Trockner getrocknet werden. Vorsicht jedoch beim Bügeln: Verwenden Sie niemals ein Dampfbügeleisen und bügeln Sie nicht direkt auf dem Metallfaden, sondern legen Sie ein Tuch dazwischen.

**Anmerkung:**
Die Modelle in diesem Buch sind mit Metallic-Garnen der Firma Kreinik gestickt, die in England weit verbreitet sind. Daher sind die Kreinik-Garne auch in den Farbtabellen angegeben. Im deutschsprachigen Raum sind entsprechende Garne der Firmen Coats Mez, DMC und Madeira erhältlich.

**Sticktechnik für Metallfäden**

Der Faden sollte nicht länger als 45 cm sein. Zum Einfädeln etwa 5 cm an einem Ende umlegen und so durch die Öse führen. Die Schlinge über die Nadelspitze legen und vorsichtig an das Ende zur Öse ziehen, um den Faden zu befestigen. Wenn Sie Baumwoll- und Metallfaden kombinieren, fädeln Sie ersteren wie gewohnt ein und schneiden ihn auf die Länge des Metallfadens zu.

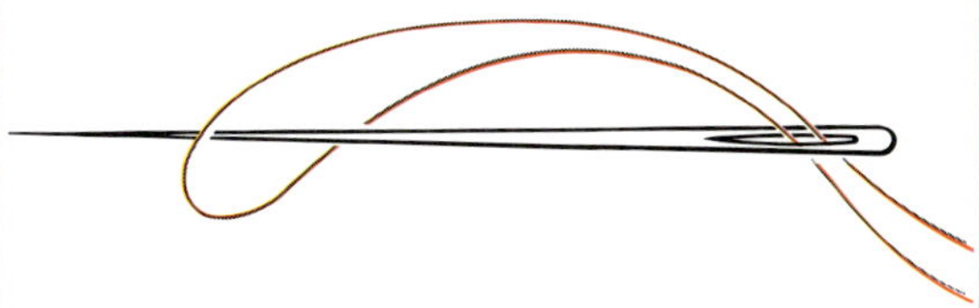

# Katzenporträt

**Material**

20 × 15 cm cremefarbener Fein-Aida-Stoff (72 Fäden/10 cm) · 20 × 15 cm Einlage zum Aufbügeln · Sticktwist und Metallicgarn in den in der Tabelle angegebenen Farben · Hellblaue Stoffarbe · Airbrush · Eine 20 × 15 cm große Karte mit ovaler Öffnung von 14 × 9,5 cm (Bezugsquellen siehe Seite 128)

**Hinweis**

Statt der Airbrush-Pistole könnten Sie auch einen breiten Malerpinsel verwenden, um eine sehr zarte Tönung zu erreichen.

1 Katzen können sehr gefällig sein, sind aber meiner Erfahrung nach nicht leicht zu fotographieren. Wenn sie nicht gerade schlafen, sind sie doch häufig kamerascheu und strafen denjenigen mit herablassender Mißachtung, der sie zur Pose zu bewegen versucht. Die einzige Möglichkeit, ein gutes Foto von einer Katze zu machen, scheint mir – wie für die meisten anderen Tiere und Menschen gleichermaßen – der Schnappschuß.

2 Das Foto von unserer Katze Timmy war ziemlich klein. So mußte ich zunächst einmal vergrößern. Ich beschränkte mich auf Kopf und Schultern, um im Rahmen der zur Verfügung stehenden Fläche soviele Details wie möglich herausarbeiten zu können.
Mit Heftstichen markierte ich Lage, Größe und Form der ovalen Öffnung auf dem Stramin und zählte dann die für den Entwurf in Höhe und Breite zur Verfügung stehenden Quadrate ab. So konnte ich sicher sein, daß die Zeichnung, auf der mein Entwurf beruhte, bequem und mit Rand in das Oval passen würde.

3 Mit der Airbrush-Pistole besprühte ich den Hintergrund mit einem leichten Blauton. Für mein Gefühl würde das den richtigen Hintergrund für das schwarz-weiße Fell und die gelben Augen der Katze abgeben. Nach den Anweisungen des Herstellers muß dann die Farbe mit dem Bügeleisen fixiert werden.

4 Nach dem fertiggestellten Zählmuster (Technik siehe Seite 26) stickte ich das Motiv mit doppeltem Baumwollgarn auf 72fädigen Aida-Stoff. Nur für die Augen ersetzte ich einen Baumwoll- durch einen glänzenden Metallfaden.

5 Die fertige Stickerei dämpfen; auf die Rückseite die Einlage aufbügeln; zuschneiden und in die Karte einsetzen.

| Timmy ▲ | | DMC | Anchor | Madeira |
|---|---|---|---|---|
| ▪ | Wollweiß | Ecru | 926 | Ecru |
| Y | Weiß | Weiß | 1 | Weiß |
| – | Rosa | 224 | 893 | 0813 |
| | Zitronengelb* | 445 | 288 | 0103 |
| ┻ | Hellgrau | 415 | 398 | 0103 |
| ▞ | Grau | 317 | 400 | 1714 |
| + | Dunkelgrau | 413 | 401 | 1713 |
| ■ | Schwarz | 310 | 403 | Schwarz |
| | Metallic-Garn Kreinik 054F | | | |

**Rückstiche**
Zitronengelb* mit Metallic-Garn; Weiß für die Barthaare; Schwarz für Nase, Mund und die Ohrränder; Zitronengelb ober- und unterhalb der Pupillen.

# Unser Hund

**Material**

20 × 15 cm cremefarbener Fein-Aida-Stoff (72 Fäden/10 cm) ·
20 × 15 cm Einlage zum Aufbügeln ·
Sticktwist in den in der Tabelle angegebenen Farben ·
Hellgrüne Stoffarbe ·
Airbrush ·
Eine 20 × 15 cm große Karte mit ovaler Öffnung von 14 × 9,5 cm (Bezugsquellen siehe Seite 128)

**Hinweis**

Statt der Airbrush-Pistole könnten Sie auch einen breiten Malerpinsel verwenden, um eine sehr zarte Tönung zu erreichen.

**1** Die meisten Menschen haben in irgendeiner Phase ihres Lebens ein Haustier, und Hunde gehören nicht nur zu den beliebtesten, sondern werden auch häufig fotografiert. Es ist nicht immer einfach, einen Hund ins Bild zu bringen, aber mit Ausdauer und Hartnäckigkeit gelingt dann doch meist eine gute Aufnahme.
Schon zu Anfang sollten Sie festlegen, ob Sie sich auf Kopf und Schultern beschränken oder das Tier insgesamt darstellen wollen. Beim ersten Versuch halte ich es für ratsam, nur Kopf und Schultern zu sticken. Dadurch können Sie die Details besser herausarbeiten und vielleicht einige Charakteristika zeigen, die Ihren Hund einzigartig machen.
Beim ersten Versuch sollten Sie auch ein Foto des Hundekopfs in Profil oder Frontalansicht verwenden können: Dreiviertelansichten sind besonders schwierig darzustellen.
Ich wählte nebenstehendes Foto unseres Hunds Gealas aus.

**2** Das anschließende Verfahren entspricht dem für das Katzenporträt: Wieder beginnt man damit, ein Stück Aida-Stoff auf Arbeitsgröße (20 × 15 cm) zuzuschneiden und in beiden Richtungen die Zahl der Quadrate/Stiche zu zählen.

**3** Statt in Blau wie bei der Katze besprühte ich den Hintergrund mit einem Hauch von Grün, der das das rostbraune Fell besser zur Geltung bringen sollte. Die Farbe dann durch Bügeln fixieren.

**4** Den Entwurf durchgehend mit zweifädigem Baumwollgarn sticken und wie das Katzenporträt fertigstellen.

| Gealas ▲ | DMC | Anchor | Madeira |
|---|---|---|---|
| Weiß | Weiß | 1 | Weiß |
| Helles Orangebraun | 402 | 363 | 2307 |
| Helles Goldbraun | 977 | 307 | 2301 |
| Goldbraun | 976 | 308 | 2302 |
| Gelbbraun | 869 | 944 | 2105 |
| Rötlichbraun | 407 | 882 | 2312 |
| Braun | 632 | 936 | 2311 |
| Rotbraun | 975 | 355 | 2303 |
| Dunkelbraun | 3031 | 905 | 2003 |
| Sehr dunkles Braun | 3371 | 382 | 2004 |
| Braun gesprenkelt (je ein Faden) | 976 / 3031 | 308 / 905 | 2302 / 2003 |
| Hellgrau | 318 | 399 | 1802 |
| Grau | 317 | 400 | 1714 |
| Schwarz | 310 | 403 | Schwarz |

**Rückstiche**
Rückstich für das Auge und Glanzlicht im Auge in Weiß, Barthaare in Schwarz.

# Goldfisch

**Material**

15 × 10 cm cremefarbener Fein-Aida-Stoff (72 Fäden/10 cm) · 15 × 10 cm Einlage zum Aufbügeln · Sticktwist und Metallfäden in den in der Tabelle angegebenen Farben · Blaßtürkise Stoffarbe · Pinsel · Eine 15 × 10 cm große Karte mit runder Öffnung von 8 cm Durchmesser (Bezugsquellen siehe Seite 128)

**1** Goldfische sind sehr beliebte Haustiere für Kinder und gleichermaßen ruhige Gefährten auch für viele Erwachsene. Ich besaß keine Fotos von Goldfischen und mußte daher auf Bilder in alten Büchern zurückgreifen. Dazu zeichnete ich noch Wasserpflanzen und legte den Hintergrund an.

**2** Wie für die Katze (siehe Seite 70) berechnete ich den zur Verfügung stehenden Platz. In diesem Fall suchte ich eine zart türkise Stoffarbe für den Hintergrund aus, der mit dünnen horizontalen Gebüschlinien durchsetzt ist. Weil ein kleines und zartes Bild daraus werden sollte, war ich bemüht, den Hintergrund nicht zu kräftig anzulegen. Genau wie bei Hund und Katze wurde die Stoffarbe dann durch Bügeln fixiert.

**3** Nachdem die Entwurfsskizzen und Zählmuster nach der auf Seite 26 beschriebenen Methode ausgearbeitet waren, stickte ich meinen Goldfisch in die Mitte des Kreises, den ich auf dem Stickleinen mit Heftstichen markiert hatte.
Die Hauptfarben habe ich mit gewöhnlichem Garn gestickt, aber auch zwei Metallfäden bei der Ausarbeitung verwendet. Der gelbe Faden hat außerdem orangefarbene und grünblaue Flecken, die gut zu den orangen Farbflächen des Goldfischs passen. Besonders gut eignet sich die Lichtreflexion des Metallfadens für die Schuppen, den schimmernden Schwanz und das Rückenende. Der größte Teil des Entwurfs wird mit einem Baumwoll- und einem Metallfaden gestickt, lediglich Kopf, Rücken- und Seitenflossen mit doppeltem Baumwollfaden, dem gegenüber die Glanzlichter mit doppeltem gelben Metallfaden. Auch die Wasserfläche erhält durch Kombination mit einem blauen Metallfaden ihre schillernde Struktur, und die Wasserpflanzen aus zweifädigem Baumwollgarn kontrastieren zum Schein des Wassers.

**4** Die fertige Stickerei wie auf Seite 70 beschrieben in der Karte anbringen.

# Kaninchen

**Material**

20 × 15 cm cremefarbenen Aida (72 Fäden/10 cm) · 20 × 15 cm Einlage zum Aufbügeln · Sticktwist in den in der Tabelle angegebenen Farben · Blaue, grüne und braune Stoffarbe · Pinsel · Grüner Filzstift · Eine 20 × 15 cm große Karte mit ovaler Öffnung von 14 × 9,5 cm (Bezugsquellen siehe Seite 128)

**1** Den verfügbaren Platz zum Sticken wie für die vorhergehenden Tierporträts errechnen. Ich hatte das Glück, ein gutes Foto eines Kaninchens zu finden, das genügend Details aufwies. So konnte ich die Grundzüge direkt auf meinem karierten Papier einzeichnen. Ein paar Kleinigkeiten und Grasbüschel für den Hintergrund setzte ich selbst noch hinzu.

**2** Mit blauer Stoffarbe und horizontalen Pinselstrichen legte ich zunächst den Himmel an. Diese Fläche zuerst trocknen lassen und mit dem Bügeleisen fixieren, bevor das Gras in verschiedenen Grün- und Brauntönen, diesmal mit vertikalen Strichen, aufgemalt wird. Wieder durch Bügeln fixieren.

**3** Das Kaninchen durchgehend mit doppelfädigem Garn in die Mitte des mit Heftstichen markierten Ovals sticken.

**4** Als die Stickerei fertiggestellt war, hatte ich das Gefühl, daß noch einige Grasbüschel im Vordergrund fehlten. Mit einigen grünen Filzstiftstrichen waren sie schnell gezeichnet. Bei einem Stück, das häufig gewaschen werden muß, wäre das selbstverständlich nicht möglich gewesen, aber bei einem Bild bestehen in dieser Hinsicht viel größere Freiheiten. Es ist jedoch ratsam, gleich welche Farbe vor dem Sticken zu fixieren, weil sie auf das Garn abfärben könnte.

**5** Die fertige Stickerei wie auf Seite 70 beschrieben in der Karte befestigen.

| **Kaninchen ▲** | **DMC** | **Anchor** | **Madeira** |
|---|---|---|---|
| ▪ Wollweiß | Ecru | 926 | Ecru |
| ▬ Blaßrosa | 225 | 892 | 0814 |
| ✜ Rosa | 224 | 893 | 0813 |
| Blaßgrün | 3348 | 265 | 1409 |
| Grün | 3347 | 266 | 1408 |
| Karamel | 372 | 887 | 2110 |
| Blaßbraun | 642 | 392 | 1906 |
| Braun | 640 | 903 | 1905 |
| Graubraun, blaß | 644 | 830 | 1907 |
| ✚ Graun, mittel | 646 | 8581 | 1812 |
| Grau* | 413 | 401 | 1713 |
| ■ Schwarz | 310 | 403 | Schwarz |

**Rückstiche**

Grau* wird ausschließlich für den Rückstich der Barthaare verwendet; das Glanzlicht der Augen in Wollweiß; die restlichen Rückstiche in Schwarz.

........ Barthaare

____ Andere Rückstiche

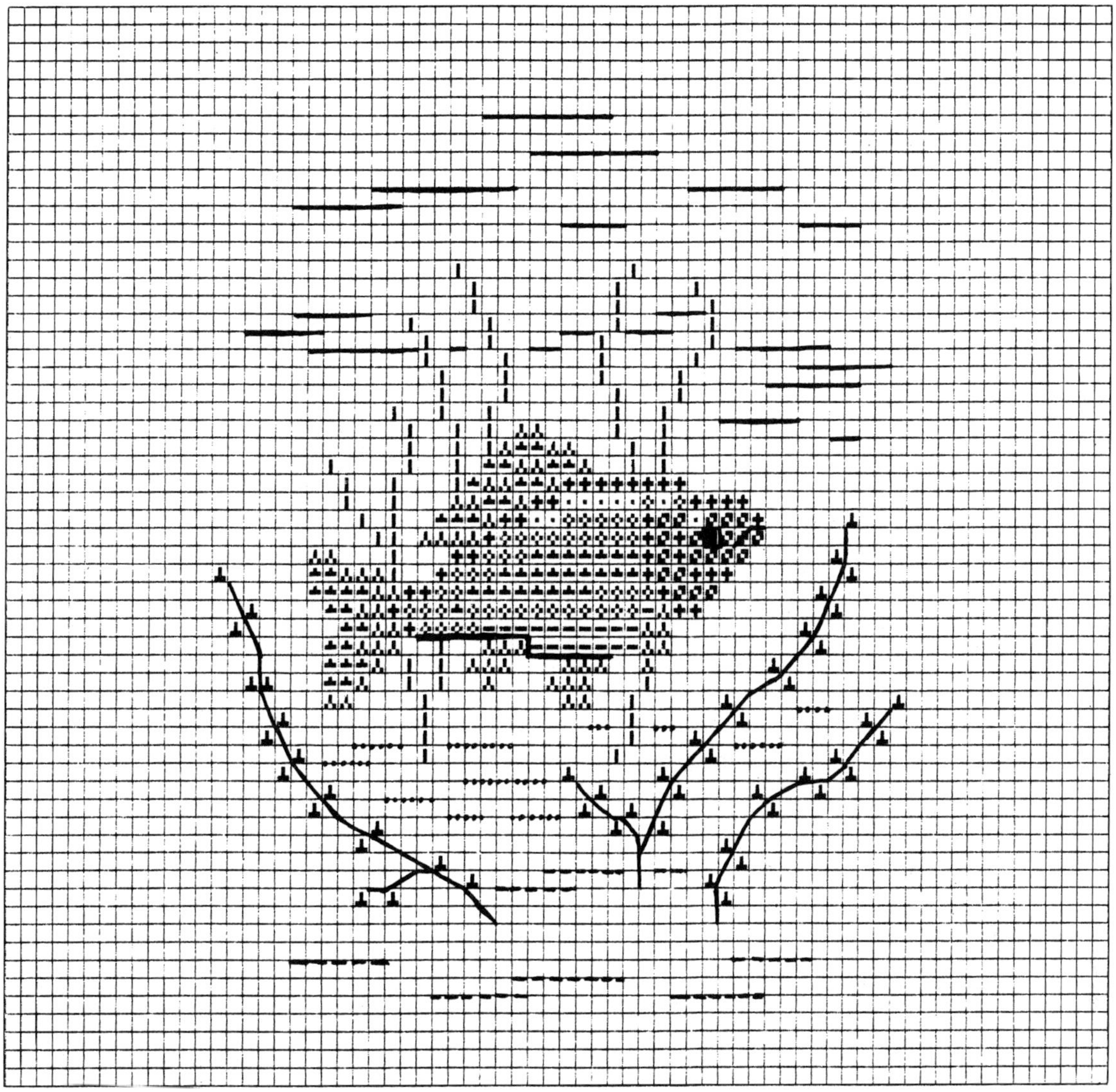

| | **Goldfisch ▲** | Kreinik | Anchor | DMC | Madeira |
|---|---|---|---|---|---|
| | Weiß* | | 1 | Weiß | Weiß |
| ▪ | Gelb metallic | 091 | | | |
| ▬ | Dunkelgelb | | 303 | 742 | 0114 |
| | Hellorange | | 304 | 741 | 0201 |
| | Hellorange metallic (je ein Faden) | 091 | 304 | 741 | 0201 |
| | Orange | | 316 | 970 | 0204 |
| | Orange metallic (je ein Faden) | 091 | 316 | 970 | 0204 |
| ✚ | Braunorange | | 324 | 922 | 0310 |
| | Blaßblau metallic* (je ein Faden) | 014 | 849 | 927 | 1708 |
| | Blau metallic* (je ein Faden) | 014 | 850 | 926 | 1707 |
| ▮ | Blaßgrün | | 859 | 523 | 1511 |
| ┴ | Grün | | 861 | 3363 | 1602 |
| | Karamel* | | 942 | 738 | 2013 |
| ■ | Schwarz | | 403 | 310 | Schwarz |

**Rückstiche**

Weiß*, Karamel*, Blau metallic* und Blaßblau metallic* werden ausschließlich für Rückstiche verwendet. Das Glanzlicht für das Auge, den Umriß des Auges und das Maul in Schwarz; Karamel* für den Sand; die Bauchlinie des Fischs in Braunorange; die Linien für das Wasser oben in Blaßblau metallic* und unten in Blau metallic* und Grün für die Stengel der Wasserpflanzen.

____ Bauchlinie des Fischs, Auge und Maul, Wasserlinien oben und Stengel der Pflanzen

........ Wasserlinien unten

\- - - - Sand

# TIERE AUS FREIER NATUR

Für die Darstellung von Tieren im Kreuzstich ist ein Foto unerläßlich. Selbstverständlich verharren Tiere nur selten in einer bestimmten Haltung, und wild lebende Arten sind in der Regel sehr scheu. In diesem Kapitel wird erläutert, wie gute und scharfe Fotos entstehen. Es werden Möglichkeiten aufgezeigt, wie man Motive für den Hintergrund in die Komposition mit einbezieht, damit der Entwurf möglichst natürlich wirkt.

# Fotografieren in der Natur

## Freigehege oder Zoos

Tierfotos sind ein wichtiger Teil meiner Arbeit. Eine gute Möglichkeit für den Anfang besteht darin, Kreuzstichentwürfe mit frei lebenden Tieren nach Skizzen und Zeichnungen in Büchern anzufertigen. Aber nach eigenen Fotografien Muster anzufertigen wird Ihnen viel mehr Spaß machen und ein besonderes Erfolgserlebnis vermitteln.

Wahrscheinlich ist es am besten, in einem Zoo oder Freigehege den Anfang zu wagen. Die Tiere dort sind es gewöhnt, Kontakt mit Menschen zu haben und fotografiert zu werden – manche scheinen es geradezu zu genießen. Mitunter stören Maschendraht und Gitter bei der Aufnahme, aber Sie sollten daran denken, daß das Bild als Vorlage für Kreuzstichentwürfe dienen soll und keine Preise gewinnen muß. Gitterstäbe, Zweige oder andere Tiere können einfach weggelassen werden, wenn Sie Ihren Entwurf zu Papier bringen.

Beachten Sie bei der Tierfotographie folgende Grundsätze:

- Versuchen Sie, so nahe wie möglich an das Tier heranzukommen.
- Halten Sie die Kamera ruhig und stellen Sie das Bild so scharf wie möglich.
- Versuchen Sie, vor allem die Augen des Tieres scharf abzubilden – klare, ausdrucksstarke Augen garantieren ein gutes Foto.
- Fotografieren Sie wenn möglich an einem hellen, freundlichen Tag – gute Lichtverhältnisse lassen sämtliche Farben im Pelz oder Fell eines Tieres hervortreten.
- Gehen Sie zum Fotografieren alleine oder in gleichgesinnter Begleitung los. Es ist ärgerlich, von einer Gruppe, die nur einen kurzen Blick auf die Tiere werfen und dann weitergehen will, zur Eile angetrieben zu werden.

Welche Tiere Sie auch fotografieren wollen – Sie werden ein wenig Übung und Ausdauer benötigen, insbesondere wenn Sie eine ganz bestimmte Art vor die Kamera holen wollen. Keine noch so teure Kameraausrüstung kann diese beiden notwenigen Eigenschaften ersetzen. In einem Zoo oder Freigehege sind immer ein paar Tier wach und munter, und vielleicht konzentriert man sich zunächst auf diese. Ich kann mich erinneren, beim Besuche eines Wildparks in Schottland Stunden vor dem Loch eines Dachses darauf gewartet zu haben, daß dieser aufwacht. Die nachtaktiven Tiere waren sehr schläfrig und erhoben sich erst von ihrem Lager, als der Park gerade schließen wollte. Glücklicherweise fand ich ein Loch im Maschendraht und konnte so das Kameraobjektiv auflegen – es entstanden jene Fotografien, die die Grundlage für den Entwurf mit dem Dachs auf Seite 84/85 wurden.

## Tierfotografie im Garten

Vor allem brauchen Sie Geduld, wenn Sie Tiere in Ihrem eigenen Garten aufnehmen wollen. Sie kommen gerne zu Futterplätzen – also füttern Sie

sie regelmäßig. Eichhörnchen werden oft so zahm, daß sie Ihnen aus der Hand fressen, wie häufig in öffentlichen Park- und Gartenanlagen zu beobachten.

Zu Hause füttern wir die Füchse, die jede Nacht unseren Garten nach Resten durchsuchen. Leckerbissen sind für sie Süßigkeiten wie Kuchenreste, Marmeladebrötchen und andere appetitliche Happen, und wenn wir gar nichts anderes für sie haben, mögen sie auch ein Ei. Es ist ein Vergnügen, einem Fuchs zuzusehen, der ein Ei im Maul davonträgt, ohne es zu zerbrechen.

Igel mögen Fleisch und Knochen mit Fleischresten zum Nagen. Auch Brot und Milch schmecken ihnen, sind aber nicht gesund für sie und sollten – wenn überhaupt – nur in ganz geringen Mengen angeboten werden.

Für Mäuse sind fein geraspelter Käse und klein geschnittene Obststücke eine Delikatesse.

Ihre Futterstelle sollten Sie am besten in die Nähe eines Fensters legen, von wo aus Sie das Kommen und Gehen beobachten können. Fotos bei Tageslicht sind nicht schwieriger zu machen als in einem Wildpark, aber viele freilebende Tiere sind nachtaktiv. In der Regel gewöhnen sie sich schnell an das Klicken und Blitzen einer Kamera und fressen weiter, ohne mit der Wimper zu zucken. Sie können also von einem Versteck im Garten aus Fotos schießen. Ich selbst habe gern ein bißchen mehr Komfort! Viel Spaß beim Fotografieren!

**Praktische Tips**

- Stellen Sie das Futter jeden Abend an den gleichen Platz, damit sich die Tiere an diesen Ort gewöhnen.
- Wenn Sie ein Außenlicht haben, lassen Sie es an, so daß auch dies für Ihre Besucher zur Gewohnheit wird. Sie gewöhnen sich auch schnell an Lampen. Bei Licht sehen Sie die Tiere besser und können schärfere Bilder machen.
- Achten Sie darauf, daß die Futterreste nahe genug beim Fenster liegen, damit Sie gelungene Nahaufnahmen machen können.
- Tragen Sie immer dunkle Kleidung und halten Sie sich in einem abgedunkelten Raum auf. So können Sie die Tiere sehen, werden aber umgekehrt selbst nicht gesehen – allerdings nur, solange Sie keine schnelle Bewegung machen.
- Messen Sie die Entfernung von der Futterstelle bis zu dem Fenster, von dem aus Sie fotografieren, bevor Ihre Besucher eintreffen. Stellen Sie bereits die Entfernung, die Belichtungszeit für den Blitz und die Blendenöffnung ein. Legen Sie immer eine Taschenlampe griffbereit neben sich für den Fall, daß Sie Ihre Einstellungen im Laufe des Abends ändern müssen.
- Natürlich kann man auch ein Stativ verwenden, aber Sie werden feststellen, daß es Ihre Flexibilität und Bewegungsfreiheit stark einschränkt.
- Wichtig ist auch, daß Sie nur durch eine Glasscheibe fotografieren, doppelt verglaste Fenster sollten geöffnet werden. Das Objektiv direkt ans Fenster halten, sonst können Spiegelungen auftreten.

# *Dachs*

**Material**

20 × 15 cm cremefarbener Hardangerstoff Sulta (Zweigart; 88 Fäden/10 cm) · 20 × 15 cm Einlage zum Aufbügeln · Sticktwist und Metallfäden in den in der Tabelle angegebenen Farben · Eine 20 × 15 cm große Karte mit rechteckiger Öffnung von 14,5 × 9,5 cm (Bezugsquellen siehe Seite 128)

**1** Einen Dachs in freier Wildbahn beobachten zu können, muß ein wunderbares Erlebnis sein – ich habe leider nur die Bekanntschaft eines Dachses in Gefangenschaft gemacht. Der Dachs dieses Entwurfs beruht auf einer Beobachtung in einem schottischen Wildpark. Ich machte eine Reihe von Aufnahmen, darunter eine, auf der der Dachs aus einer flachen Mulde Wasser trinkt. Da Dachse in der Regel nachtaktiv sind, kam ich auf die Idee, eine nächtliche Szene mit dem Dachs zu entwerfen, mit der Silhouette eines kahlen Baums und Mondlicht auf der Wasseroberfläche des Tümpels. Ein Motiv, das förmlich nach einer Gestaltung mit Metallic-Garn schrie.

**2** Der für die Stickerei zur Verfügung stehende Raum wurde wie auf Seite 70 beschrieben errechnet.

**3** Durchgehend wurde für das Sticken auf 88fädigem Hardangerstoff einfädiges Baumwollgarn verwendet – außer an manchen Stellen, die mit Metallfäden bestickt wurden. Die glänzenden Fäden sind so fein, daß sie die Stiche nicht vergrößern, auch nicht bei so feinem Material wie diesem. Für den Mond habe ich fluoreszierenden, im Dunkeln glimmenden Metallfaden ausgewählt und diesen mit einem blauen Faden für die Wellen auf dem Teich kombiniert. Und tatsächlich, der gestickte Mond leuchtet in einem abgedunkelten Raum, und die Wellen schimmern sanft.

**4** Die fertige Entwurf wird nach Anleitung auf Seite 70 im Passepartout angebracht.

| **Mondlicht ▶** | | Kreinik | Anchor | DMC | Madeira |
|---|---|---|---|---|---|
| ▪ | Weiß | 1 | | Blanc | Weiß |
| ▬ | Cremefarben (fluoreszierend) | 052F | | | |
| ♣ | Rosa | { | 868 | 758 | 0403 |
| | Blau* (je ein Faden) | { 052F | 121 | 793 | 0906 |
| ▌ | Gelbgrau | | 900 | 3024 | 1901 |
| ▞ | Hellgrau | | 399 | 318 | 1802 |
| ┳ | Grau | | 233 | 414 | 1801 |
| ✚ | Dunkelgrau | | 401 | 413 | 1713 |
| ■ | Schwarz | | 403 | 310 | Schwarz |

**Rückstiche**

Rückstich für die Umrißlinie des Auges in Weiß, für den Kopfumriß und Klauen in Schwarz; Schwanzumriß in Hellgrau; Bergkulisse, Wolkenrand, Rand des Teichs, Wolke um den See und Andeutungen des Bodens in Grau; Rückstich für die Wellen mit einem Faden in Blau* und einem cremefarbenen, fluoreszierenden Faden.

....... Wellen

____ Andere Rückstiche

# *Waldmaus*

**Material**

15 × 10 cm cremefarbener Fein-Aida-Stoff (72 Fäden/10 cm) · 15 × 10 cm Stoff zum Aufbügeln · Sticktwist und Metallfäden in den in der Tabelle angegebenen Farben · Eine 15 × 10 cm große Karte mit runder Öffnung von 8 cm Durchmesser (Bezugsquellen siehe Seite 128)

**1** Zu diesem Entwurf inspiriert hatte mich ein nächtlicher Blick vom Wohnzimmer aus dem Fenster. Zu Hause sitze ich oft im Dunkeln, und lediglich die Hoflampe brennt, denn nachts kommen die verschiedensten Tiere heraus. Die Füchse besuchen uns jede Nacht, Igel fressen sich im Sommer hier durch, und eine lohfarbene Eule sitzt manchmal auf einem Zaunpfahl. In dieser besonderen Nacht entdeckte ich aber etwas, das aussah wie ein vom Wind erfaßtes braunes Blatt. Erst als es aufhörte, sich zu bewegen, erkannte ich eine Waldmaus. Mit geriebenem Käse gelang es mir, sie anzulocken und zudem ein Foto zu machen – mit Hilfe von Blitz und Teleobjektiv.
Der Hintergrund des Fotos ist gelblichgrau, in meinem Kreuzstichentwurf zeichnete ich die Waldmaus auf einen roten Fliegenpilz und fügte noch Beeren, ein Blatt und ein wenig Gras hinzu.

**2** Der für die Stickerei zur Verfügung stehende Platz wurde wie auf Seite 70 beschrieben errechnet.

**3** Den Waldmaus-Entwurf habe ich durchgängig zweifädig gestickt. An der roten Kappe und für die weißen Punkte habe ich allerdings die Baumwollfäden durch glänzende Fäden ersetzt, damit die Pilzkappe scheinbar im Mondlicht leuchtet. Auch den Beeren und Blättern fügte ich Metallfäden hinzu, um sie im Reif funkeln zu lassen.

**4** Der fertige Entwurf wurde nach Anleitung auf Seite 70 im Passepartout angebracht.

| **Waldmaus ▶** | **Kreinik** | **Anchor** | **DMC** | **Madeira** |
|---|---|---|---|---|
| Weiß | | 1 | Weiß | Weiß |
| Weiß (fluoreszierend) (je ein Faden) | 052F | 1 | Weiß | Weiß |
| Schmutziges Rosa | | 893 | 224 | 0813 |
| Dunkelrosa | | 10 | 351 | 0214 |
| Sehr dunkles Rosa | | 11 | 350 | 0213 |
| Fliegenpilzrot (je ein Faden) | 003 | 46 | 666 | 0210 |
| Beerenrot (je ein Faden) | 003HL | 46 | 666 | 0210 |
| Gelb | | 298 | 972 | 0107 |
| Orange | | 316 | 970 | 0204 |
| Funkelndes Mittelgrün (je ein Faden) | 008 | 216 | 320 | 1311 |
| Dunkelgrün | | 246 | 319 | 1313 |
| Goldbraun (je ein Faden) | 215C | 365 | 435 | 2010 |
| Blaßgrau | | 398 | 415 | 1803 |
| Mittelgrau | | 233 | 414 | 1801 |
| Dunkelgrau | | 401 | 413 | 1713 |
| Schwarz | | 403 | 310 | Schwarz |

**Rückstiche**
Umrißlinie des Auges in Schwarz; Rückstich für Füße, Ohren, Nase und Barthaare in Dunkelgrau, für die Beeren und Blattstiele in Goldbraun, Glanzlicht für das Auge in Weiß.

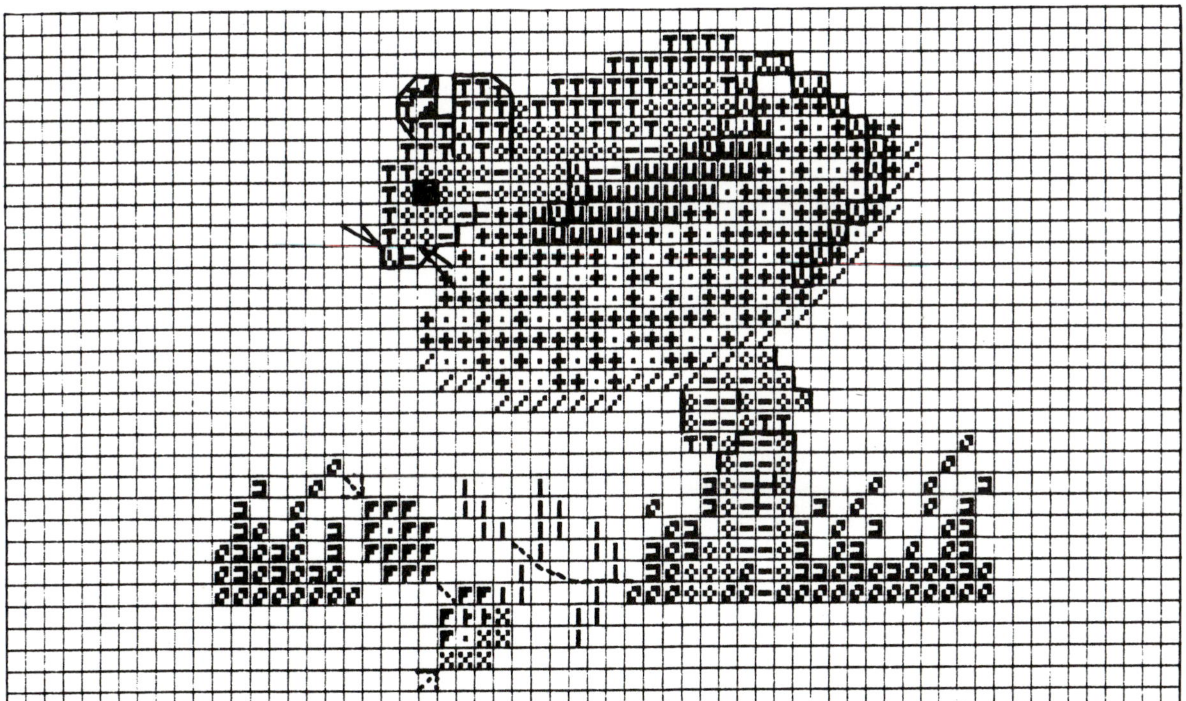

# *Igel*

**Material**

17 × 5 cm cremefarbener Stern-Aida-Stoff (54 Fäden/10 cm) · 17 × 5 cm Einlage zum Aufbügeln · Sticktwist in den in der Tabelle angegebenen Farben · Karton-Lesezeichen, 18 × 5 cm, und mit einer 13,5 × 3 cm großen Öffnung (Bezugsquellen siehe Seite 128)

**1** Oft laufen nachts Igel über unseren Hof und gelegentlich taucht ein bestimmter auch tagsüber auf. Dieser noch junge Igel mag Würmer und Schnecken, die wir für ihn suchen, und ich konnte nicht widerstehen, ihn neben unserer Igel-Sparbüchse zu fotografieren.
Der daraus entstandene Kreuzstichentwurf mit Igeln ist ein einfaches Wiederholungsmotiv: drei gleiche Exemplare im „Gänsemarsch" über die Breite des Kartons. Natürlich können Sie das Motiv beliebig oft wiederholen – beispielsweise für eine Borte an einer Kante eines Tischsets, für einen Tischläufer oder als Rocksaum. Auch könnte man einen einzelnen Igel für kleine Objekte wie Eierwärmer oder einen Schlüsselanhänger sticken.

**2** Der für die Stickerei zur Verfügung stehende Raum wurde wie auf Seite 70 beschrieben errechnet.

**3** Die Igel habe ich mit drei Fäden in der Nadel gestickt. Das Gesicht mit der kleinen grauen Schnauze war in den Farben einfach zu entwerfen, anders sieht es mit dem Stachelkleid aus. Jede einzelne scheint aus drei verschiedenen Farben zu bestehen – Beigebraun, fast Schwarz und Weiß –, wodurch insgesamt ein grauer Farbeindruck entsteht. Würde man die drei Farben einzeln nebeneinandersetzen, sähe der Igel plötzlich aus wie ein Schachbrett. Um das zu vermeiden, verwendete ich für das Stachelkleid eine Kombination aus drei Fäden in den Farben Weiß, Schwarz und Hellbraun.

**4** Die fertige Stickerei wurde nach der Beschreibung auf Seite 70 auf den Karton aufgezogen.

| Igel-Trio ▼ | DMC | Anchor | Madeira |
|---|---|---|---|
| Weiß | Weiß | 1 | Weiß |
| Grün | 470 | 267 | 1502 |
| Hellbraun | 841 | 378 | 1911 |
| Braun | 840 | 379 | 1912 |
| Dunkelgrau | 413 | 401 | 1713 |
| Schwarz | 310 | 403 | Schwarz |
| Mischung: Weiß, Schwarz und Hellbraun | | | |

**Rückstiche**
Die Umrißlinie und das Glanzlicht für die Augen in Weiß, die Umrißlinie für Kopf, Ohren und die Barthaare in Schwarz.

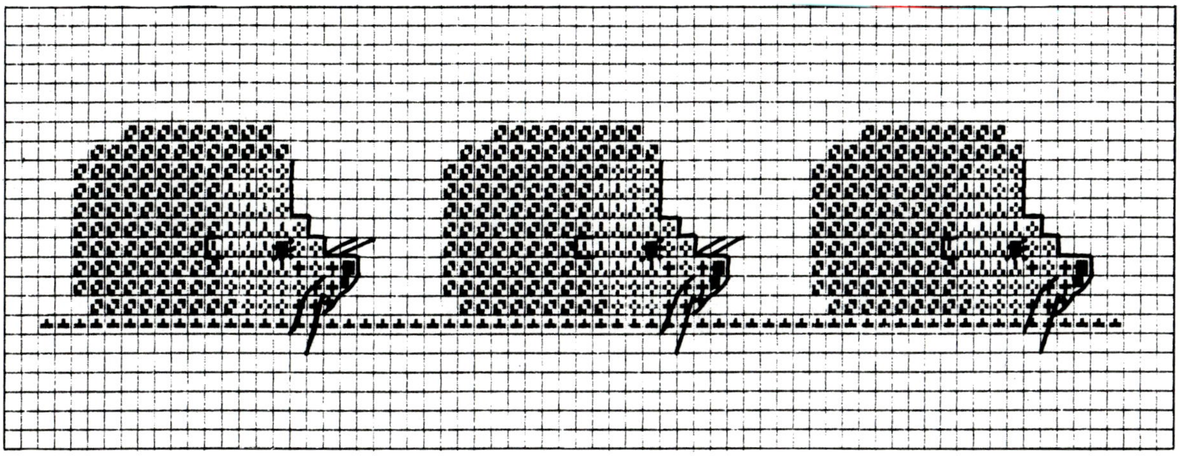

# Eichhörnchen

**Material**

20 × 15 cm cremefarbener Fein-Aida-Stoff (70 Stiche/10 cm) · 20 × 15 cm Einlage zum Aufbügeln · Sticktwist und Metallic-Garn in den in der Tabelle angegebenen Farben · Eine 20 × 15 cm große Karte mit ovaler Öffnung 14 × 9,5 cm (Bezugsquellen siehe Seite 128)

**1** Das Eichhörnchen auf dem Foto, das als Vorlage für diesen Entwurf diente, haben wir Nibbles getauft. Seine Mutter wurde von einem Auto überfahren, und Nibbles klammerte sich immer noch an sie – lebendig, aber sehr klein und hilflos. Wir adoptierten das Waisenkind, und Nibbles wurde sehr zahm. Ich habe viele Fotos von ihm, habe aber dieses ausgesucht, weil es mit den leuchtenden Hagedornbeeren besonders wirkt und mir dadurch für den Entwurf besonders geeignet erschien.

**2** Der für die Stickerei zur Verfügung stehende Raum wurde wie auf Seite 70 beschrieben errechnet.

**3** Gestickt wurde mit doppeltem Faden; lediglich für die Beeren wurde einer der Baumwollfäden durch einen Metallfaden ersetzt. Dadurch bekommen die Hagedornbeeren Glanz, und weiße Stiche sorgen zusätzlich für Lichter.

**4** Die fertige Stickerei wurde nach der Beschreibung auf Seite 70 in den Rahmen eingepaßt.

| **Eichhörnchen ▶** | **Kreinik** | **Anchor** | **DMC** | **Madeira** |
|---|---|---|---|---|
| ▪ Weiß | | 1 | Weiß | Weiß |
| Rosa | | 893 | 224 | 0813 |
| Leuchtend Rot (je ein Faden) | 003 | 13 | 349 | 0212 |
| Hellgrün | | 265 | 3348 | 1409 |
| ✚ Grün | | 817 | 3346 | 1407 |
| Blasses Goldbraun | | 362 | 437 | 2012 |
| Goldbraun | | 365 | 435 | 2010 |
| Blaßbraun | | 832 | 612 | 2108 |
| T Braun | | 898 | 611 | 2107 |
| – Silbergrau | | 397 | 762 | 1804 |
| Blaßgrau | | 399 | 318 | 1802 |
| Mittelgrau | | 233 | 414 | 1801 |
| U Dunkelgrau | | 401 | 413 | 1713 |
| ■ Schwarz | | 403 | 310 | Schwarz |

**Rückstiche**

Das Glanzlicht ds Auges in Weiß mit einem Faden, die Umrißlinie mit zwei Fäden; Rückstiche für Nase, Gesichtsumrisse, Barthaare, Brust, Füße und Ohren in Dunkelgrau, für Blatt- und Beerenstiele in Braun.

PLATE XII
PLATE XIII

# Vögel und Schmetterlinge

Vögel und Schmetterlinge sind äußerst reizvolle Motive für Kreuzstichentwürfe, doch nicht gerade einfach zu fotografieren. Die kleinen Vögel sind scheu und extrem schnell, und Schmetterlinge scheinen gerade immer dann ihre Flügel zu schließen, wenn man das Foto machen will. In diesem Kapitel wird gezeigt, wie man Einzelskizzen und -studien unterschiedlichster Herkunft zu einer gelungenen Komposition zusammenstellt. Alle entstandenen Muster wurden ihrer Verwendung nach mit dem Thema „Kaffeetisch" in Zusammenhang gebracht, können aber genauso gut auf andere Haushaltsgegenstände übertragen werden.

# *Eigene Kompositionen*

Die kleinen, flinken Vögel sind selbst in einem Garten nur sehr schwer zu fotografieren, und daher greife ich für meine Entwürfe auf Bücher zurück. Am besten eignen sich gute Abbildungen oder Zeichnungen, die die Vögel in natürlicher Umgebung und Haltung zeigen.
Wenn ich mich für eine Vogelart entschieden habe, trage ich soviele Abbildungen wie möglich zusammen, lese und mache mir Notizen zu ihrem Verhalten, zur Ernährung und seinem Lebensraum. Das geschieht deswegen, weil ich nicht einfach einen Vogel zeichnen will, der – hoffentlich – identifiziert werden kann. Auch das Umfeld muß stimmen und zu ihm passen.
Bei der Wahl eines geeigneten Vogels für ein Serviettenset war entscheidend, daß einen zusammengehörige und hübsche Gruppe gebildet werden konnte. Ich suchte die Meisenfamilie aus, weil es bekannte und sehr beliebte kleine Vögel sind. In Farbe und äußerem Erscheinungsbild sind sie sehr unterschiedlich, aber alle sind beinahe als akrobatisch zu bezeichnen und können in verschiedensten Haltungen dargestellt werden. Jede Sorte bewohnt einen anderen Lebensraum, und dies gab mir Gelegenheit, jeden Vogel auf einem anderen Zweig oder Ast darzustellen, der charakteristisch ist für die Umgebung des Vogels. Für die vier Meisenarten, die auch in meinem Garten zu beobachten sind, wählte ich Büsche und Bäume aus, an denen ich sie gewöhnlich sitzen und fressen sehe. Für den Entwurf „Haubenmeise" brachte ich einen Kiefernzweig aus dem Park mit und für den mit der Weidenmeise hatte ich eine Weidenrute mit gelbbraunen Kätzchen gefunden.
Meine Vogelentwürfe basieren also auf für diesen Zweck zusammengestellten Einzelzeichnungen, die zum einen aus verschiedenen Vogel- und Pflanzenbüchern stammen, zum anderen direkt nach Originalpflanzen angefertigt wurden. Die sechs Arten des Sets werden im folgenden aufgeführt.

**Kohlmeise** *Parus major*

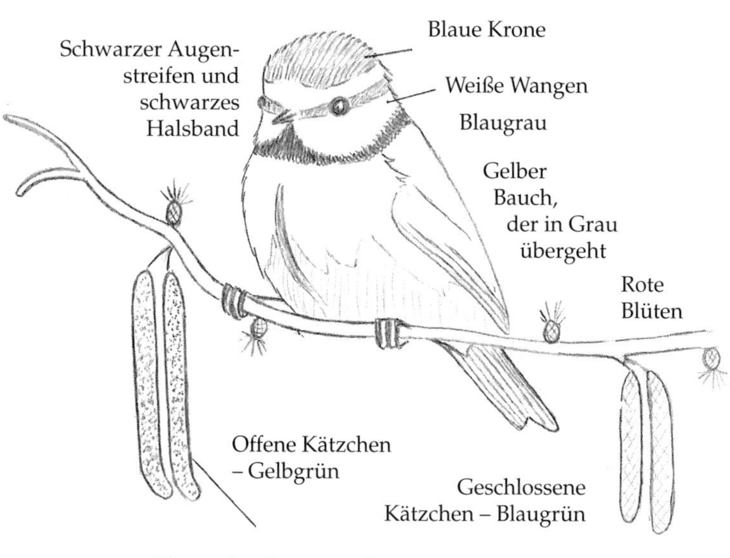


**Blaumeise** *Parus caeruleus*

**Die Blaumeise**
ist wahrscheinlich das bekannteste und beliebteste Mitglied der Meisenfamilie. Obwohl sie eigentlich ein Waldvogel ist, entdecken wir sie meist in unseren Gärten, wo sie Vogelhäuschen besucht und von Meisenkolben frißt. Ich setzte meine Blaumeise auf einen gewöhnlichen Haselnußzweig, weil ich oft kleine Vögel waghalsig an diesen dünnen Zweiglein unserer Parkhecke am Ort hängen sehe. Für meinen Geschmack bringen die kleinen roten Blütchen auch den notwendigen Farbtupfer in den Entwurf.

## Die Kohlmeise

Diese größte Art in der Meisenfamilie ist ein hübscher Vogel, der vorwiegend in Wäldern, landwirtschaftlichen Gebieten und städtischen Gärten lebt. Die sehr abwechslungsreiche Nahrungspalette reicht von Frühlingsknospen, Früchten, Samen und Beeren bis hin zu Spinnen und Insekten. Ich suchte für meine Kohlmeise einen Zweig mit Weidenkätzchen aus, ein Bild, das uns vom Frühjahr im Vorgarten her vertraut ist.

## Die Tannenmeise

Mit der Hälfte des Gewichts der Kohlmeise gehört die Tannenmeise zu den kleinsten Meisenarten. Diese kleinen Vögel fühlen sich in allen Arten von Wald, Obst- oder anderen Gärten wohl. Sie ernähren sich von Käfern, Fliegen, Motten, Insekten, Spinnen und verschiedenen Samenarten. Auch dem Angebot der Vogelhäuschen sprechen sie zu. Der vergleichsweise lange, schmale Schnabel der Tannenmeise ist ideal, um Insekten aus Frühjahrsblüten herauszuziehen. Häufig sehen wir diesen Vogel im Frühjahr in unserem Kirschbaum.

## Die Weidenmeise

bevorzugt feuchte Weiden-, Birken- und Erlenwälder. Sie jagt Insekten, Insekteneier oder Larven im niedrigeren Gezweig der Bäume und Büsche. Mein Vogel ist auf einen dünnen Weidenzweig mit einigen gelbbraunen Kätzchen zwischen den schmalen Blättern gezeichnet.

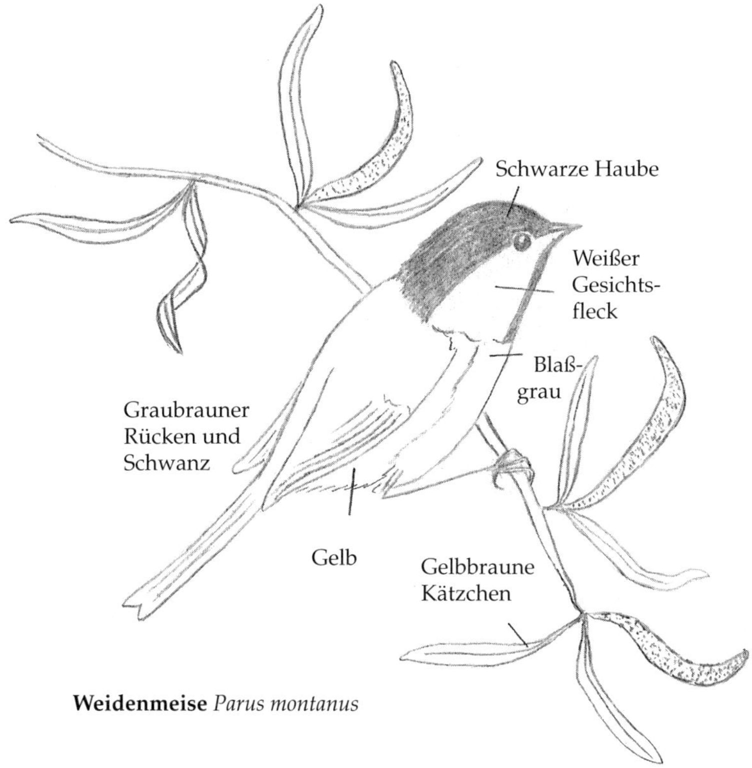


**Weidenmeise** *Parus montanus*

## Die Schwanzmeise

Diesen Vogel, der nicht mit den übrigen Meisen verwandt ist, erkennt man leicht an seinem schwarz-weiß-rosafarbenen Gefieder und seinem langen Schwanz. Hauptsächlich lebt er am Waldrand und in der Umgebung von Waldlichtungen. Gelegentlich sehen wir Schwanzmeisen in unserem Garten, die im Rosenbeet von Zweig zu Zweig hüpfen und nach Insekten und Spinnen suchen.

**Tannenmeise** *Parus ater*

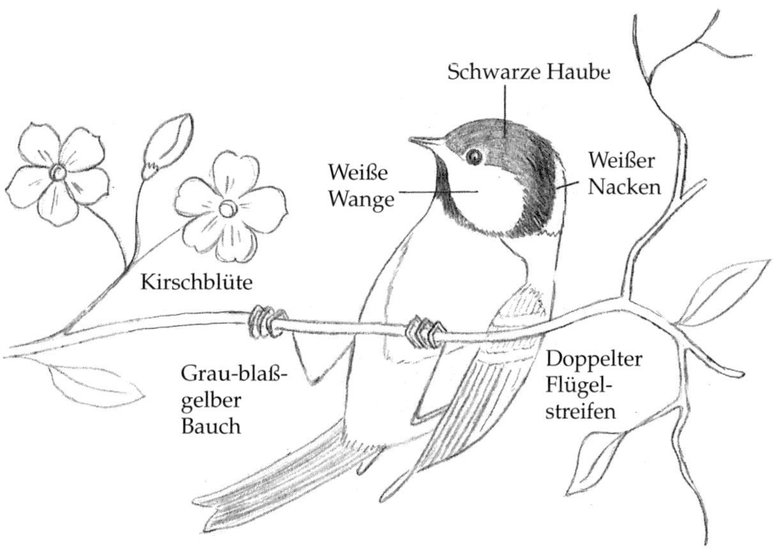

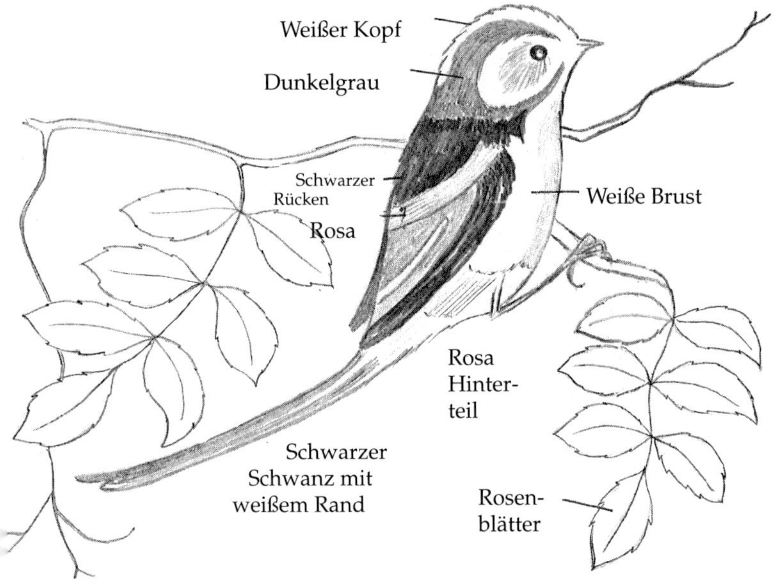


**Schwanzmeise** *Aegithalos caudatus*

## Die Haubenmeise

war in weiten Teilen Europas verbreitet, findet sich heute aber nur noch in einem ziemlich kleinen Gebiet, nämlich in den Kiefernwäldern des Schottischen Hochlands um das Spey Valley. Sie ernährt sich von den Samen zwischen den Kiefernzapfen und von dem, was sie in Baumrinde und auf der Erde findet. Mit ihrem schmalen Schnabel kann die Haubenmeise genauso gut Insekten zwischen Büscheln von Kiefernnadeln herausziehen, wie sie die Samen aus den Zapfen pickt.

## Rückstich

In der Regel wird für Umrißlinien und eine klare Kontur der Motive in der Kreuzstickerei der Rückstich verwendet. Oft wird in Schwarz gestickt, was für meinen Geschmack zu starr wirkt. Für mich ist der Rückstich aber eine Möglichkeit, winzige Details einzuarbeiten, feine Glanzlichter zu schaffen oder einen bestimmten Teil einer Linie zu betonen, der sich sonst vor dem Hintergrund verlieren würde.

In allen Mustern dieses Buchs finden sich Rückstiche, ich versuche aber stets, sie auf ein Minimum zu reduzieren. Für die Serie mit Vogelmotiven wurde häufig, aber nicht überzogen auf diese Stichtechnik zurückgegriffen.

## Augen

Die Augen kleiner Vogelarten sind immer hell, ansonsten aber unauffällig – vielleicht ein Mittel, sie vor Räubern zu bewahren. Bei vier der sechs Meisenarten in den Entwürfen liegen die Augen genau an der Kante schwarzer und weißer Flächen des Gefieders, d. h. um sie in der Stickerei sichtbar zu machen, müssen sie durch eine Teil- oder Gesamtumrißlinie in der Farbe, die sie deutlicher hervorhebt, betont werden. Ich habe in diesen Fällen Weiß verwendet, weil es eine natürliche Fortsetzung der weißen Federn im

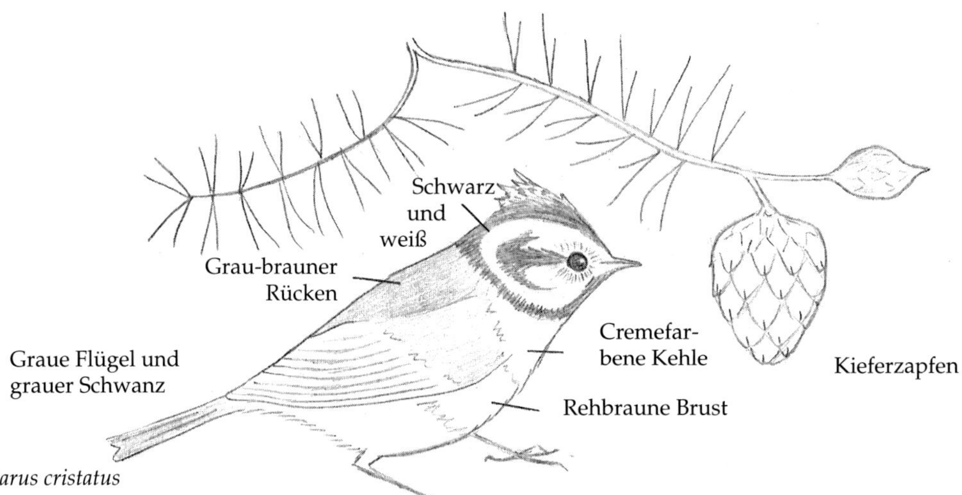


**Haubenmeise** *Parus cristatus*

Wangenbereich darstellt. Manchmal sieht Weiß ein wenig grell aus, und insbesondere bei braunen Federn kann Wollweiß oder Cremefarben vorteilhafter sein. Für manche Vögel ist auch Gelb oder Orange ein geeigneter Farbton.
Wo immer möglich ist ein Glanzlicht mit weißem oder wollweißem Garn – als winziger Rückstich auf dem Auge selbst – eine Bereicherung. Sofort wirkt der Vogel wie auch jedes andere Lebewesen natürlicher und lebendiger.

**Beine**
Alle kleinen Vögel haben sehr zerbrechlich wirkende Beine und Krallen. Unmöglich, diese in Kreuzstich anzulegen – außer Sie arbeiten in sehr großem Maßstab. Wichtig ist vor allem, Stellung und Winkel der Beine zum Körper richtig wiederzugeben. Auch die winzigen Krallen sollten in ihrer Position so genau wie möglich dargestellt werden. Ich verlasse mich hierbei niemals auf mein Gedächtnis, sondern beobachte die im Garten hüpfenden Vögel: Die Beine sitzen immer weiter hinten am Körper, als ich es mir vorgestellt hätte. Fast alle kleinen Gartenvögel haben auch drei nach vorne gerichtete und eine nach hinten zeigende Zehe zum Festklammern an Zweigen. Lediglich bei Spechten weisen jeweils zwei Zehen nach vorne und hinten. Wenn Ihr Entwurf naturgetreu sein soll, ist es wichtig, solche Details zu beachten.

**Andere Körperstellen bei Vögeln**
Mit Rückstichen können auch klare Trennungslinien gezogen werden, die sonst nur schwach hervortreten würden. Manchmal ist schwarz geeignet – zum Beispiel für den dunklen Schatten unter dem Flügel der Haubenmeise. Häufig jedoch läßt eine blassere Farbe die Grenzen einer weißen oder blaßgrauen Fläche deutlicher werden. So wäre Schwarz zum Beispiel als Umrißlinie am Nacken der Tannenmeise oder der Kehle der Schwanzmeise zu massiv gewesen. Grau wirkt besser, weil unauffälliger.

**Blumen- und Pflanzendetails**
Auch bei Blumen und Pflanzen ist Rückstich zum Anlegen der feinsten Details die geeignete Technik. Zum Beispiel wurden die kleinen roten Blüten des Haselnußzweigs, die Kelche der Weidenkätzchen, die Mitte kleiner Blüten, Stiele und Adern von Blättern oder auch die Nadeln eines Kiefernzweigs so gestickt.

Ich rate dringend dazu, Rückstiche überlegt zu verwenden, und zwar so, daß sie Ihren Entwurf tatsächlich bereichern.

---

# *Servietten mit Vogelmotiv*

**Material**

Für jede Serviette der Größe 40,5 × 40,5 cm, einschließlich 12 mm breiter Fransenkante:

Fertige Serviette (Bezugsquellen siehe Seite 128) oder je Serviette 45 × 45 cm cremefarbener Zählstoff (Leinen oder Baumwolle; 112 Fäden/10 cm) · Sticktwist in den jeweils angegebenen Farben

**Anfertigen der Servietten**
Von den Ecken nach innen messen und den Mittelpunkt des Stickmotivs für jede Serviette mit denselben Abständen festlegen. Dabei Saum und Fransen mit berücksichtigen, wenn Sie sie selbst anfertigen.
Mit dreifädigem Garn und über jeweils zwei Gewebefäden sticken; für die Rückstiche doppelten Faden verwenden.
Zum Fertigstellen auf die Endmaße von 40,5 × 40,5 cm zuschneiden und mit Hohlstichen (Maschine oder von Hand) im Abstand von 12 mm nach innen abnähen. Gewebefäden herausziehen, um die Fransen zu bilden.

| Blaumeise ▼ | DMC | Anchor | Madeira |
|---|---|---|---|
| Weiß | Weiß | 1 | Weiß |
| Rot* | 606 | 335 | 0209 |
| Hellgelb | 727 | 293 | 0110 |
| Gelb | 307 | 289 | 0104 |
| Blau | 798 | 131 | 0911 |
| Graublau, hell | 931 | 921 | 1711 |
| Graublau | 930 | 922 | 1712 |
| Blaßgrün | 471 | 266 | 1501 |
| Blaugrün | 320 | 216 | 1311 |
| Graugrün | 522 | 859 | 1512 |
| Braun | 611 | 898 | 2107 |
| Blaßgrau | 415 | 398 | 1803 |
| Dunkelgrau | 413 | 401 | 1713 |
| Schwarz | 310 | 403 | Schwarz |

**Rückstiche**
Rückstiche für Augen und Schnabel in Weiß; Beine und Klauen in Schwarz; Stiele der kürzeren Weidenkätzchen in Blaugrün, die der längeren in Blaßgrün; Haselnußblüten in Rot* (ausschließlich für Rückstich).

| | **Kohlmeise ▼** | **DMC** | **Anchor** | **Madeira** |
|---|---|---|---|---|
| ▪ | Weiß | Weiß | 1 | Weiß |
| ⅄ | Blaßgelb | 727 | 293 | 0110 |
| ▬ | Zitronengelb | 445 | 288 | 0103 |
| ✣ | Graublau | 926 | 850 | 1707 |
| ✚ | Graublau, dunkel | 1924 | 851 | 1706 |
| ◪ | Graugrün | 522 | 859 | 1512 |
| T | Ingwerbraun | 433 | 371 | 2008 |
| ✖ | Braun | 610 | 889 | 2105 |
| I | Blaßgrau | 762 | 397 | 1804 |
| ⊥ | Grau | 414 | 233 | 1801 |
| ■ | Schwarz | 310 | 403 | Schwarz |

**Rückstiche**
Auge und Glanzlicht in Weiß; Beine, Krallen und Spitze der Weidenkätzchenkelche in Schwarz; die dünnen Zweiglein der Weidenkätzchen in Braun.

| Tannenmeise ▼ | DMC | Anchor | Madeira |
|---|---|---|---|
| Weiß | Weiß | 1 | Weiß |
| Blaßrosa | 605 | 50 | 0613 |
| Rosa | 604 | 75 | 0614 |
| Kastanienbraun | 3685 | 70 | 0602 |
| Zitronengelb | 445 | 288 | 0103 |
| Gelb | 727 | 293 | 0110 |
| Graublau | 926 | 850 | 1707 |
| Dunkelblau | 924 | 851 | 1706 |
| Graugrün | 522 | 859 | 1512 |
| Dunkelgrün | 520 | 862 | 1514 |
| Braun | 610 | 889 | 2105 |
| Blaßgrau | 762 | 397 | 1804 |
| Mittelgrau | 414 | 233 | 1801 |
| Dunkelgrau | 317 | 400 | 1714 |
| Schwarz | 310 | 403 | Schwarz |

**Rückstiche**
Auge und Blütenmitte in Weiß; Beine und Klauen schwarz; Umrißlinie am Nacken; Blattadern in Graugrün; Blütenstiele und Zweigchen in Braun; am Rand des Bauches dunkelblaue Stiche; Umriß am Flügel graublau.

| Weidenmeise ▼ | DMC | Anchor | Madeira |
|---|---|---|---|
| ▪ Weiß | Weiß | 1 | Weiß |
| ✣ Gelb | 676 | 891 | 2208 |
| ✚ Grüngelb | 733 | 280 | 1611 |
| Zitronengelb | 727 | 293 | 0110 |
| (1 Faden grüngelb und 2 Fäden Zitronengelb) | | | |
| Gelbgrün | 471 | 266 | 1501 |
| Gelbbraun | 370 | 898 | 2112 |
| I Karamel, hell | 642 | 392 | 1906 |
| T Karamel | 640 | 903 | 1905 |
| ✖ Braun | 611 | 898 | 2107 |
| – Hellgrau | 762 | 397 | 1804 |
| ▲ Grau | 414 | 233 | 1801 |
| ■ Schwarz | 310 | 403 | Schwarz |

**Rückstiche**

Rückstich oberhalb des Auges und Glanzlicht in Weiß; Beine und Klauen schwarz.

| Schwanzmeise ▼ | | DMC | Anchor | Madeira |
|---|---|---|---|---|
| ▪ | Weiß | Weiß | 1 | Weiß |
| ⅄ | Schmutziges Blaßrosa | 543 | 933 | 1909 |
| ✥ | Schmutzigrosa | 224 | 893 | 0813 |
| | Blaßgrün* | 3348 | 265 | 1409 |
| ✚ | Grün | 3346 | 265 | 1407 |
| ⊔ | Braun | 610 | 889 | 2105 |
| ▬ | Blaßgrau | 415 | 398 | 1803 |
| ▲ | Dunkelgrau | 413 | 401 | 1713 |
| ■ | Schwarz | 310 | 403 | Schwarz |

**Rückstiche**

Glanzlicht für das Auge in Weiß; Beine, Krallen und Umrißlinie der Kehle in Dunkelgrau; Zweiglein in Braun, Blattstiele und -adern in Blaßgrün* (ausschließlich für Rückstich).

| Haubenmeise ▼ | DMC | Anchor | Madeira |
|---|---|---|---|
| ▪ Weiß | Weiß | 1 | Weiß |
| ▬ Creme | 712 | 387 | 2101 |
| Dunkelgrün* | 520 | 862 | 1514 |
| Karamel | 422 | 372 | 2102 |
| Karamel, grau | 613 | 956 | 2109 |
| Karamel, grau, blaß | 642 | 392 | 1906 |
| Graubraun | 640 | 903 | 1905 |
| ✚ Ingwerbraun | 869 | 944 | 2105 |
| T Braun | 610 | 889 | 2105 |
| Dunkelbraun | 3031 | 905 | 2003 |
| I Blaßgrau | 762 | 397 | 1804 |
| Grüngrau | 646 | 8581 | 1812 |
| Grüngrau, dunkel | 645 | 905 | 1811 |
| ■ Schwarz | 310 | 403 | Schwarz |

**Rückstiche**

Glanzlicht für das Auge in Weiß; Flügellinie, Beine und Krallen in Schwarz; Kiefernadeln in Dunkelgrün* (ausschließlich für Rückstich).

BLACKBIRD
THRUSH
MALLARD
Duck Pond

Ad. f.
Ad. m.
SISKIN
Ad. m. winter.
MEALY REDPOLL
Ad. f.
1st winter m.

# *Uhr mit Eisvogel*

**Material**

Für eine Uhr 16,5 × 12, 5 cm:

21,5 × 18 cm cremefarbener Fein-Aida-Stoff (70 Fäden/10 cm) · 21,5 × 18 cm Einlage zum Aufbügeln · Sticktwist und Hochglanz-Metallic-Garnfäden in den in der Tabelle angegebenen Farben · Plexiglasuhr in Kuppelform

Das Stickmuster entstand im gleichen Verfahren auf der Basis eines Fotos, Hauptschwierigkeit war aber in diesem Fall, Stickgarne auszuwählen, die das glänzende Gefieder des Eisvogels entsprechend wiedergeben würden. Hochglanz-Metallic-Garne, zusammen mit gewöhnlichem Stickgarn (jeweils ein Faden), schienen mir für Teile des Vogels, die Libelle und den Fisch am geeignetsten. Wenn Sie nur mit normalem Garn sticken wollen, sollten Sie zwei Fäden verwenden.
Für den Nacken des Eisvogels konnte ich nicht das passende tiefe Blau finden; daher kombinierte ich zwei Fäden verschiedener Blautöne. Den Rücken und die Flügelkante stickte ich mit einem grünen und einem blauen Faden, um das entsprechende dunkle Grünblau zu erzielen.
Mit Rückstich wurden die kleinen Wellen und Wassertropfen auf dem Fluß sowie andere Details der Motive angelegt. Auch entschloß ich mich für die nahezu durchsichtigen Libellenflügel zu dieser Stichart; Kreuzstich hätte zu plump ausgesehen.

## Fertigstellen der Uhr

Die Umrißlinie auf dem Zählmuster entspricht der der Uhr nur annähernd, denn das genaue Anpassen ist nicht ganz einfach. Schneiden Sie auf keinen Fall die Stickerei in der endgültigen Form zu, bevor Sie nicht den Stoff auf die Rückseite aufgebügelt haben.
Schieben Sie die fertige Stickerei zum Ausprobieren zwischen die beiden Plexiglasplatten. Bringen Sie das Loch für die Uhrzeiger in Ihrer Stickerei mit dem im Plexiglas zur Deckung und messen Sie sorgfältig nach, wieviel Stoff Sie an der Unterkante abschneiden müssen. Schneiden Sie anschließend die Stickerei mit einem scharfen Cutter genau auf die Umrißform der Uhr zu. Dann das Loch für die Uhrzeiger ausschneiden und die Uhr nach den Anweisungen des Herstellers zusammensetzen.
Wer keine entsprechende Uhr findet, kann das aparte Bild auch in einen hübschen Rahmen setzen.

| | Eisvogel ▶ | Kreinik (HL) | Anchor | DMC | Madeira |
|---|---|---|---|---|---|
| ▪ | Weiß | | 1 | Weiß | Weiß |
| | Dunkelorange | | 326 | 720 | 0309 |
| | Eisblau | | 168 | 597 | 1110 |
| | Metallic Blau (je ein Faden) | 014HL | 168 | 597 | 1110 |
| + | Tiefblau (je ein Faden) | | 132<br>168 | 797<br>597 | 0912<br>1110 |
| | Dunkelblau (je ein Faden) | 051HL | 132 | 797 | 0912 |
| U | Dunkles Grünblau (je ein Faden) | | 132<br>189 | 791<br>991 | 0912<br>1204 |
| | Blaßgrün | | 266 | 471 | 1501 |
| | Mittelgrün | | 267 | 469 | 1503 |
| | Dunkelgrün | | 246 | 319 | 1313 |
| | Helles Graugrün | | 859 | 3053 | 1510 |
| | Dunkles Graugrün | | 846 | 3051 | 1508 |
| I | Beigekaramel | | 942 | 738 | 2013 |
| | Karamel | | 832 | 612 | 2108 |
| | Hellorange | | 363 | 402 | 3207 |
| | Helles Orangebraun | | 307 | 977 | 2301 |
| T | Orangebraun | | 308 | 976 | 2302 |
| | Dunkles Orangebraun | | 324 | 922 | 0310 |
| | Mittelbraun | | 889 | 610 | 2105 |
| | Dunkelbraun | | 382 | 3021 | 1904 |
| – | Hellgrau | | 398 | 415 | 1803 |
| | Dunkelgrau | | 401 | 413 | 1713 |
| | Metallic Dunkelgrau (je ein Faden) | 011HL | 401 | 413 | 1713 |
| ■ | Schwarz | | 403 | 310 | Schwarz |

**Rückstiche**
Glanzlichter für Augen von Vogel und Fisch und die Umrißlinie des Vogelauges in Weiß; Dunkelgrau für die Umrißlinie des Vogelgesichts; Mittelgrün für das Blatt; Eisblau für die Wellen und Wassertropfen; Mittelbraun für den Zweig und Dunkelgrau Metallic für die Libellenflügel.

**Anmerkung:**
Der hier angegebene Umriß der Uhr stimmt nur ungefähr. Schneiden Sie den Stoff erst zu, nachdem Sie die Stickerei eingepaßt und das Loch für die Befestigung der Zeiger angezeichnet haben.

# *Anfertigen eines eigenen Kuppeluhr-Entwurfs*

Für die Plexiglasuhr kann jede Kreuzstickerei auf Aida-Stoff oder einen anderen Stickgrund verwendet werden. Sie können also auf einen vorgefertigten Entwurf zurückgreifen oder selbst ein Motiv ausarbeiten. Hat Ihr Material eine andere Fadendichte als 72 oder 56 Fäden/10 cm (wofür mit der Uhr ein Zählmuster geliefert wird), so müssen Sie die Lage der Markierungen oder Ziffern neu berechnen.

**Material**

Ein großes Blatt gerastertes Papier · Lineal · Winkelmesser · Gespitzter Bleistift und Radiergummi

**1** Wählen Sie das Material aus, auf dem Sie sticken wollen, und berechnen Sie, wieviele Quadrate/Stiche Sie in horizontaler und vertikaler Richtung maximal zur Verfügung haben. Messen Sie die Größe der ausgesparten Ecken rechts und links oben nach und zeichnen Sie diese so genau wie möglich ein.

**2** Berechnen Sie gleichfalls so genau wie möglich die Lage der Öffnung für die Uhrzeiger bzw. deren Mittelpunkt und tragen Sie sie genau auf Ihrem Rasterpapier ein.

**3** Legen Sie einen Winkelmesser am Mittelpunkt des Lochs an und zeichnen Sie in 30°-Intervallen Markierungen ein. Achten Sie darauf, daß die Markierung für 12 Uhr genau im 90°-Winkel über der Öffnung liegt und diejenige für 6 Uhr genau in der Verlängerung darunter. 9 Uhr und 3 Uhr müssen auf einer geraden Linie liegen, die genau durch den Mittelpunkt der Uhrzeigeröffnung verläuft und zudem zur Unterkante der Uhr parallel liegt.

**4** Ausgehend vom Mittelpunkt ziehen Sie nun die 12 strahlenförmigen Linien durch Ihre Markierungspunkte hindurch bis an die Außenkanten des Musters. Ihre Ziffern oder Stundenmarkierungen müssen exakt auf diesen Linien liegen, sonst geben die Zeiger nicht die genaue Uhrzeit an.

**5** Angenehmer für die Augen ist es, wenn die Stundenmarkierungen in gleichmäßigen Abständen verteilt werden, aber sie müssen nicht gleich weit von der Uhrzeigeröffnung entfernt sein. Sie können sie nahe an die Außenkanten der Uhr setzen, um möglichst viel Platz für das Stickmuster zu gewinnen.

**6** Wenn Sie römische Ziffern verwenden wollen, sollten Sie daran denken, daß bei Uhren die 4 nicht – wie sonst üblich – mit IV, sondern IIII bezeichnet wird.

**7** Entwerfen Sie nun Ihr Motiv für den verbleibenden Raum.

**8** Die Stickerei nach der Gebrauchsanweisung des Herstellers in der Uhr befestigen.

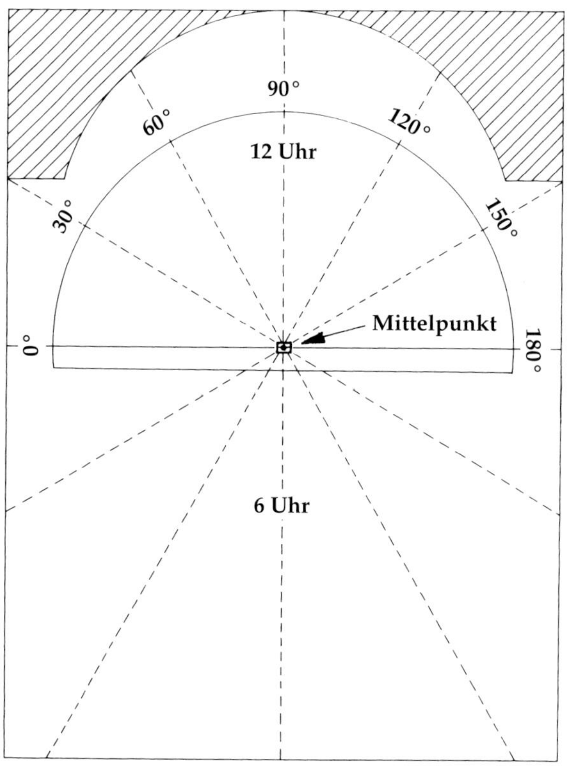

48 Plates in Colour
SHOWN SERIES

# *Häubchen mit Schmetterlingsmotiv*

**Material**

Für jedes Häubchen mit 16,5 cm Durchmesser, einschließlich der Spitzenborte:

18 × 18 cm cremefarbener Fein-Aida-Stoff (70 Fäden/10 cm) ·
Sticktwist in den in der Tabelle angegebenen Farben ·
70 cm Spitzenborte, 12 mm breit, für den Saum ·
1 m schmales Band, farblich passend ·
Gläser mit einer Öffnung von 6,25 cm Ø

Als Schmetterlingsmotive für die Häubchen meiner Marmeladengläser zum Tee wählte ich Kommafalter und Distelfalter, weil beide Arten von Früchten angezogen werden. Die Muster hatte ich im Frühjahr entworfen, und da zu dieser Jahreszeit weder Himbeeren noch Erdbeeren reif sind, mußten diese von Abbildungen in Gartenzeitschriften übernommen werden.

Der Kommafalter ist in ganz Europa, China und Japan verbreitet. Mit dem gezackten Umriß seiner Flügel und der blattartigen Zeichnung an der Unterseite verschwindet dieser Schmetterling in der Vegetation, wenn die Flügel geschlossen sind; geöffnet und im Licht bietet sich ein herrlicher Anblick. Von den ersten Frühlingstagen bis in den Herbst – vorausgesetzt, es ist mild und sonnig – sind Kommafalter in unserem Garten unterwegs. Sie werden besonders von reifen Pflaumen, Himbeeren und Äpfeln im Obstgarten angelockt.
Der Distelfalter ist auf der ganzen Welt – mit Ausnahme Südamerikas – zu Hause. Diese schnell fliegende Art könnte keinen Winter in unserem Klima überstehen. Im Frühjahr ziehen die Schmetterlinge von Ihrem Winterquartier in Afrika nordwärts über Südeuropa bis in den Süden der Vereinigten Staaten. Für meine Zeichnungen und die Farbwahl waren Bücher die Grundlage.

**Anfertigen der Häubchen**

Für beide Häubchen gilt dieselbe Vorgehensweise.
Die Stickerei mit doppeltem Faden in der Nadel fertigstellen. Die Zirkelspitze genau in die Mitte des gestickten Motivs stecken und einen Kreis mit 7 cm Radius ziehen. Wenn Sie keinen Zirkel haben, können Sie auch eine geeignete Schablone verwenden, aber damit ist es schwieriger, das Motiv genau in die Mitte des Kreises zu setzen.
Den angezeichneten Kreis vorsichtig aus dem Stoff ausschneiden und die Kanten mit der Maschine einsäumen. Die Spitzenborte an den Schmalseiten mit einer schmalen französischen Naht zusammenfügen und mit der Hand leicht gekräuselt um den Stoff herum annähen.
Das Glas mit Marmelade füllen und das Deckchen darüberlegen. Mit dem farbigen Band und einer hübschen Schleife festbinden.

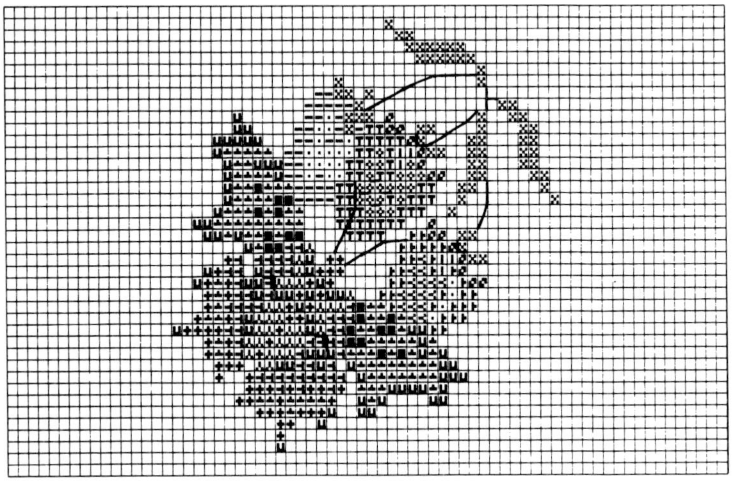

| Kommafalter ▲ | DMC | Anchor | Madeira |
|---|---|---|---|
| Rosa | 760 | 9 | 0405 |
| Pfirsich | 352 | 10 | 0303 |
| Hellgelb | 677 | 886 | 2207 |
| Hellorange | 977 | 307 | 2301 |
| Purpurrot | 3350 | 42 | 0603 |
| Kastanie, dunkel | 315 | 896 | 0810 |
| Hellbraun | 680 | 901 | 2212 |
| Gelbbraun | 782 | 308 | 2212 |
| Braun | 869 | 944 | 2105 |
| Dunkelbraun | 3031 | 905 | 2003 |
| Sehr dunkles Braun | 3371 | 382 | 2004 |
| Blaßgrün | 472 | 264 | 1414 |
| Hellgrün | 372 | 887 | 2110 |
| Mittelgrün | 471 | 266 | 1501 |
| Dunkelgrün | 469 | 267 | 1503 |

**Rückstiche**
Rückstich für die Stiele in Dunkelgrün; die Glanzlichter der rechten Beere in Rosa, die Rückstiche für Fühler und Flügel in sehr dunklem Braun.

| Distelfalter ▼ | DMC | Anchor | Madeira |
|---|---|---|---|
| Weiß | Weiß | 1 | Weiß |
| Pfirsich | 352 | 10 | 0303 |
| Rot | 349 | 46 | 0212 |
| Dunkelrot | 347 | 13 | 0407 |
| Hellorange | 977 | 307 | 2301 |
| Dunkelorange | 976 | 308 | 2302 |
| Hellbraun | 680 | 901 | 2212 |
| Braun | 869 | 944 | 2105 |
| Dunkelbraun | 3031 | 905 | 2003 |
| Blaßgrün | 472 | 264 | 1414 |
| Dunkelgrün | 469 | 267 | 1503 |
| Schwarz | 310 | 403 | Schwarz |

**Rückstiche**
Rückstich für die Fühler in Schwarz, Erdbeerstiele in Dunkelgrün.

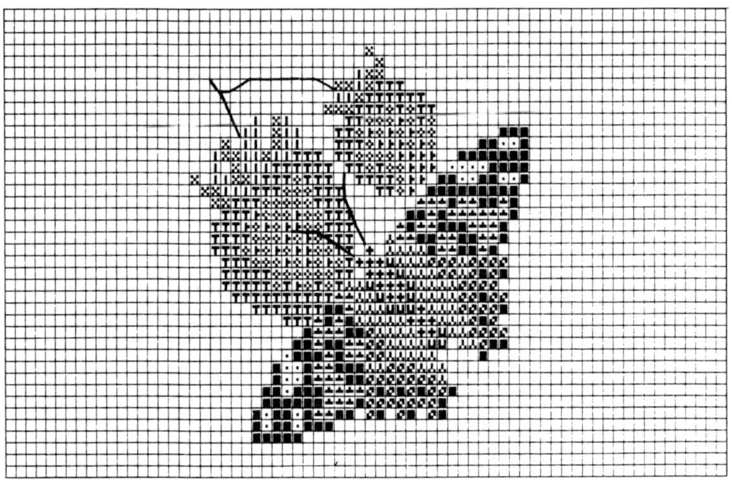

# AUSBLICKE

Für viele meiner Entwürfe lasse ich mich von Blumen, Tieren und Insekten, die ich zu Hause beobachten kann, inspirieren. Mit den letzten Entwürfen möchte ich den Blick auf die naheliegenden Themen von Haus und Garten lenken. Eine Stickerei von Ihrem Haus oder einer Lieblingsecke Ihres Gartens ist nicht nur eine sehr persönliche Erinnerung, sondern wird auch von Ihren Kindern und Enkelkindern geschätzt werden.

# Das eigene Zuhause sticken

**Material**

Für eine Kreuzstickerei Ihres Zuhauses:

Ein gutes Foto ·
Durchsichtige Acetatfolie ·
Schwarzer Filzstift für Overheadfolien (Bürobedarf, Schreibwarenhandel) ·
Klebeband ·
Stickgarn nach Ihrer Wahl

Für das gezeigte Muster, 22 × 15 cm ohne Rahmen:

32 × 25 cm blaßblauer Stern-Aida (56 Fäden/10 cm) ·
Sticktwist in den in der Tabelle Seite 121 angegebenen Farben ·
Rahmen nach Wahl

### Das Foto

Um ein gutes Foto von Ihrem Zuhause zu machen, brauchen Sie keine teure Kamera. Im Gegensatz zu so vielen Motiven dieses Buchs stellt ein Haus eine bleibende Vorlage dar; sie können den Zeitpunkt der Aufnahme bestimmen – dann, wenn Sie glauben, daß es am besten aussieht. Ich habe einen Frühlingstag ausgesucht, weil zu dieser Jahreszeit Narzissen, Forsythien und die rosafarbenen Blüten von Zierkirschen das Bild mit einem Hauch frischer Farbe überziehen. Vielleicht gefällt Ihnen aber der Sommer besser, wenn im Garten bunte Blumen leuchten oder auch der Herbst mit seinen rostroten, braunen und goldenen Farben. Selbst ein Winterbild mit dicker Schneedecke kann sehr reizvoll aussehen. Wenn Sie Zeit und Geduld haben, wäre es besonders lohnend, einen Entwurf für jede Jahreszeit auszuarbeiten und daraus ein großes Bild zu sticken.

### Blickwinkel

Neben dem Tag sollten Sie auch an den Blickwinkel für die Aufnahme denken. Eine Frontalansicht ist wohl am einfachsten zu zeichnen und folglich auch zu sticken, meist aber nicht besonders attraktiv.
Nehmen Sie sich die Zeit, Ihr Objekt aus unterschiedlichen Winkeln durch die Kamera anzuvisieren, bis Sie sicher sind, den besten Standpunkt gefunden zu haben. Günstig ist es auch, das Bild so aufzubauen, daß große Büsche oder Bäume den Ausschnitt rahmen bzw. am Rand stehen. Umgekehrt können Laternenpfähle und Telefondrähte im Bild häßlich aussehen, sind aber für Zeichnung und Stickerei unwesentlich. Lassen Sie sie einfach weg.

### Tiefe

Wünschenswert wäre auch ein markanter Punkt im Vordergrund, damit Ihr Bild Tiefe bekommt. Vielleicht ein Mäuerchen, ein Busch, ein paar Blumen, und wenn sich gar nichts anbietet, können Sie bei der Zeichnung immer noch ein bißchen tricksen und eines der Vordergrundelemente mehr hervorheben.

### Größe des Fotos

Mein Entwurf basierte auf einem Farbabzug in der Standardgröße 10 × 15 cm. Sie können das Foto auch auf die gewünschte Größe Ihrer Stickerei vergrößern lassen, was die Zeichenarbeit natürlich sehr erleichtert, aber wesentlich teurer ist.

### Herstellen des Musters

**1** Das Foto in ein Zählmuster übertragen. Dazu auf ein Zeichenbrett oder eine ebene Fläche legen und Acetatfolie mit Klebeband darüber befestigen. Mit dem schwarzen Filzstift die Hauptumrißlinien von Haus, Rasen, Weg, Büschen und Bäumen übertragen.

**2** Wenn Sie Ihr Foto auf die Endmaße Ihrer Stickerei vergrößert haben, entfällt der im folgenden beschriebene Schritt für Sie. Mein Foto mußte um das Doppelte vergrößert werden, also zog ich einen Rahmen um das Motiv und teilte die Fläche in ein Raster von 12 × 8 gleichen Quadraten auf. Auf ein Blatt Zeichenpapier zeichnete ich ein zweites Raster mit 12 × 8 Quadraten, die

Entweder mit wasserfestem schwarzem Overheadfolienstift ein Raster auf eine Acetatfolie zeichnen (oben rechts). Sie können auch wasserlöslichen Stift verwenden, was den Vorteil hat, daß Sie die Folie wiederverwenden können. Nachteil: Die Linien verschmieren sehr leicht. Die gerasterte Folie über das Foto legen und direkt auf Zeichenpapier vergrößern (rechts).
Oder Sie pausen die wichtigsten Umrißlinien vom Foto auf die Acetatfolie durch, legen ein Raster darüber und vergrößern dann auf Zeichenpapier (links unten).

Rechts
Die vergrößerte Zeichnung kann nun auf gerastertes Transparentpapier durchgezeichnet werden.

aber doppelt so groß waren. Dann die Hauptlinien der Zeichnung Quadrat für Quadrat von der Acetatfolie auf das größere Raster übertragen. Am Ende hatte ich eine doppelt so große Zeichnung mit richtigen Proportionen in Händen.

3 Mit Klebeband über die vergrößerte Zeichnung ein Blatt gerastertes Transparentpapier kleben. Die wichtigsten Linien, dem horizontalen und vertikalen Gitternetz folgend, von der Zeichnung durchpausen. Das Bild dann in breite Zonen unterteilen, und die Grundlage für das Stickmuster ist fertig.

4 Das Transparentpapier mit Klebebend auf ein Blatt weißes Papier kleben, damit die Linien gut sichtbar sind.

5 Nun die Farbwahl für die Garne treffen. Für manche Bereiche, z. B. die Hauswände, suchte ich zwei oder mehr Farben aus, weil für die breite Fläche beim Sticken noch mehr Details eingearbeitet werden mußten.

6 Ich entschied mich für Stern-Aida-Stoff (54 Fäden/10 cm) in einem ganz zarten Blaßblau, der ohne Stiche den Eindruck von blauem Himmel hervorrufen würde. Bei dieser Fadendichte würde die fertige Stickerei etwa 22 × 15 cm groß sein.

7 Jede Fläche wurde einzeln gestickt. Dabei habe ich immer wieder das Foto zum Vergleich benutzt. Einige Bildelemente, die so nicht zu sticken waren, mußten noch vereinfacht werden.

Zum Beispiel kann nicht jeder Ziegel gezeigt werden, aber durchaus der Eindruck einer Ziegelmauer entstehen. Dazu einige Stiche in hellerem oder dunklerem Farbton zwischen die der Hauptfarbe setzen. Auch Farbschattierungen und Astgewirr der Sträucher und Koniferen mußten vereinfacht werden, außerdem fielen Bäume im Hintergrund ganz weg. Ausgearbeitet wurde nur die grobe Umrißlinie der interessanteren Bäume.

Auch einige Schatten, deren Ursache aus dem Bild heraus nicht verständlich wird, konnten entfallen. Allerdings wollte ich den fleckigen Schatten der Eiche auf dem Weg beibehalten. Dieser Baum steht rechts des Wegs, gerade ein wenig außerhalb des Bildes. Hätte ich aber seinen Schatten weggelassen, wäre aus dem Weg eine unstrukturierte, langweilige graue Fläche geworden.

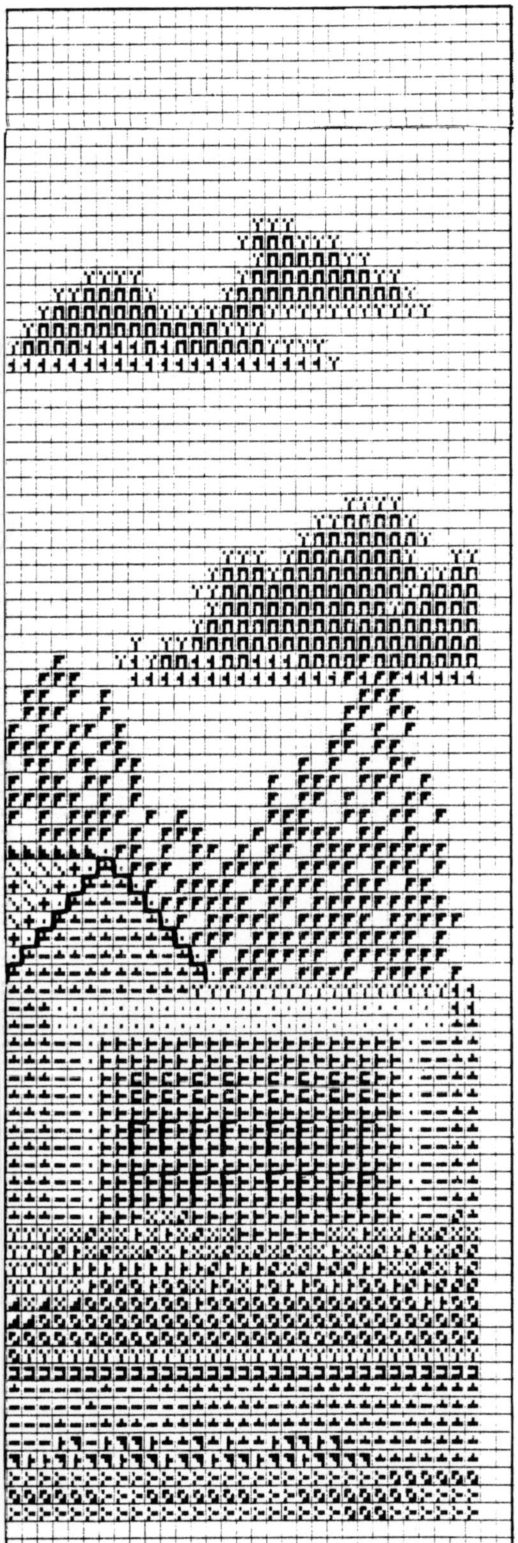

| Wohnhaus ◄ | DMC | Anchor | Madeira |
|---|---|---|---|
| Weiß | Weiß | 1 | Weiß |
| Wollweiß* | Ecru | 926 | Ecru |
| Cremefarben | 3047 | 886 | 2205 |
| Schmutziges Blaßrosa | 224 | 894 | 0812 |
| Schmutzigrosa | 223 | 894 | 0812 |
| Rosa | 3689 | 49 | 0607 |
| Dunkelrosa | 3688 | 66 | 0605 |
| Malve, dunkel | 208 | 110 | 0804 |
| Gelb | 744 | 301 | 0112 |
| Dunkelgelb | 743 | 297 | 0113 |
| Gelbgrün | 937 | 268 | 1504 |
| Blaugrün | 501 | 878 | 1704 |
| Dunkles Blaugrün | 500 | 879 | 1705 |
| Blaßgrün | 3348 | 265 | 1409 |
| Grün | 3347 | 266 | 1408 |
| Dunkelgrün | 3345 | 246 | 1406 |
| Hellgrün | 989 | 242 | 1401 |
| Tiefgrün | 935 | 862 | 1505 |
| Karamel, blaß | 3033 | 390 | 2001 |
| Karamel | 372 | 887 | 2110 |
| Helles Rotbraun | 301 | 349 | 2306 |
| Rotbraun | 300 | 352 | 2304 |
| Hellbraun | 640 | 903 | 1905 |
| Hellgrau | 318 | 399 | 1802 |
| Grau | 317 | 400 | 1714 |
| Dunkelgrau | 413 | 401 | 1713 |
| Silbergrau | 415 | 398 | 1803 |
| Helles Grüngrau | 647 | 8581 | 1813 |
| Grüngrau | 646 | 273 | 1812 |
| Schwarz* | 310 | 403 | Schwarz |

**Rückstiche**

Rückstich für die Fenstersprossen in Wollweiß*, die Umrißlinie der Dachtraufe in Schwarz* (beide ausschließlich für Rückstich verwendet); Garagentor, Eingangstür und Windfang, Hausnummernschilder, Hausecke und Vögel in Dunkelgrau; Zweige der großen Bäume in Hellbraun und diejenigen der Zierkirsche in hellem Grüngrau.

# *Der Garten*

Sehr reizvoll kann es auch sein, einen Kreuzstichentwurf des eigenen Gartens anzufertigen. Im Frühjahr habe ich eine Lieblingsecke im Garten nahe beim Seiteneingang, wo leuchtend gelbe Osterglocken einen Teppich bilden. Am gleichen Tag, an dem ich das Foto vom Haus machte, fotografierte ich nachmittags diesen ansonsten schattigen Platz unter der Eiche.

**Material**

Für das Gartenmotiv in den Endmaßen 22 × 15 cm, ohne Rahmen:

32 × 25 cm cremefarbener Aida-Stoff (64 Fäden/10 cm) · Sticktwist in den in der Tabelle Seite 124 angegebenen Farben · Hellgrüne Stoffarbe · Air brush · Rahmen nach Wahl

**1** Der Gartenentwurf nach dem Foto entstand auf gleiche Weise wie der des Hauses, allerdings veränderte ich die Vorlage dahingehend, daß die Mauer mit den Ornamenten einen Hintergrund für das Motiv bildete. Für den Entwurf setzte ich sie frontal zum Betrachter und zudem etwas weiter nach vorn, so daß ich die Struktur detaillierter wiedergeben konnte.
Ursprünglich hatten wir uns die Mauer mit einer Öffnung vorgestellt. Am frühen Nachmittag hatte der Maurer eine hübsche runde Öffnung zustandegebracht, doch als wir am Abend nach Hause zurückkamen, war sie sorgfältig mit Ziegeln gefüllt. In meinem Entwurf habe ich dieses Detail so dargestellt, wie es eigentlich gedacht war. Auch habe ich das Gartenhäuschen im Hintergrund weggelassen, weil es den Blick durch das Tor und die Öffnung in der Mauer gestört hätte.

Die Osterglocken nahe an der Mauer sind durch die Distanz zu klein, um sie genauer auszuarbeiten; mir lag aber an einer interessanten Gestaltung im Vordergrund und steigerte daher den Größenunterschied zwischen den Blumen vorne und jenen im Hintergrund.

**2** Gestickt wurde auf 64fädigem Aida-Stoff, den ich vorher mit hellgrüner Stoffarbe eingesprayt hatte. Wie alle gelben Blumen sind Osterglocken nicht einfach zu sticken. Vor cremefarbenem oder blaß farbigen Stickgrund heben sie sich nicht mehr ab, außer es wird in starkem Maß mit Rückstich gearbeitet. Dabei hatte ich allerdings das Gefühl, daß es die Zartheit der Blumen zerstören würde. Der Rückstich wurde in diesem Fall also lediglich mit einfachem dunkelgrünem Faden angelegt.

**3** Die Kreuzstickerei durchwegs mit doppeltem Faden in der Nadel arbeiten. Das Tor wurde mit Rückstichen gestickt, weil das feine schmiedeeiserne Gitter in Kreuzstich viel zu plump ausgefallen wäre. Für das Tor habe ich doppelten Faden verwendet, alle anderen Details in Rückstich wurden jedoch mit einfachem Faden ausgearbeitet.

### Fertigstellen der Haus- und Gartenbilder

Die Endmaße Ihrer Stickerei hängen von der Originalgröße Ihres Fotos, von dem Format der Zeichnungen und der Fadendichte des Materials ab, das Sie für Ihre Stickerei auswählen. Unabhängig von der Größe sollten Sie einen entsprechend breiten, frei bleibenden Stoffrand mit einkalkulieren. Die Stickerei vorsichtig auf Karton aufziehen und auf der Rückseite diagonal befestigen. Anschließend in den Rahmen montieren.

| Symbol | Gartenmotiv ▶ | DMC | Anchor | Madeira |
|---|---|---|---|---|
| ▬ | Blaßrosa | 225 | 892 | 0814 |
| ✚ | Purpurrosa | 315 | 896 | 0810 |
| ⅄ | Schmutziges Hellrosa | 224 | 893 | 0813 |
| ✖ | Schmutzigrosa | 223 | 894 | 0812 |
| ▮ | Zitronengelb, blaß | 745 | 300 | 0111 |
| ≻ | Zitronengelb | 744 | 301 | 0112 |
| ◘ | Gelb | 743 | 297 | 0113 |
| ┳ | Dunkelgelb | 742 | 303 | 0114 |
| ⊏ | Blaugrün | 501 | 878 | 1704 |
| ┻ | Grün | 3364 | 260 | 1603 |
| ⊓ | Dunkelgrün | 3363 | 262 | 1602 |
| ✣ | Karamel | 422 | 372 | 2102 |
| | Karamel, dunkel* | 3031 | 905 | 2003 |
| ↘ | Rotbraun | 35 | 341 | 0401 |
| ▪ | Blaßgrau | 762 | 234 | 1804 |
| | Grau* | 317 | 400 | 1714 |

**Rückstiche**
Rückstiche in Grau* für die Ziersteine und den Weg, Dunkles Karamel* für die Glocken und Blütenblätter der Osterglocken (beide Farben werden ausschließlich für Rückstiche verwendet); Purpurrosa für das Loch in der Mauer; Rotbraun für das Tor; Blaugrün für die Stiele der Osterglocken und Dunkelgrün für den Umriß der Osterglocken-Knospen.

# Grundstiche

## Kreuzstich

Für sämtliche Kreuzsticharbeiten werden die folgenden beiden Methoden angewandt. In beiden Fällen entstehen auf der Rückseite des Stoffes gleichmäßige Reihen von senkrechten Stichen.
Beim Besticken großer Flächen arbeitet man in horizontalen Reihen. Sticken Sie zunächst – links oben beginnend – die erste Reihe gleichmäßig voneinander entfernter, diagonaler Stiche über die in der jeweiligen Anleitung angegegebene Zahl von Gewebefäden. Dabei führt der Grundstich immer von links unten nach rechts oben. Anschließend wird diese Stichfolge – nun von rechts nach links arbeitend – in der Rückreihe wiederholt. Die Deckstiche führen stets von rechts unten nach links oben. Fahren Sie mit der Arbeit in dieser Weise fort und achten Sie darauf, daß sich alle Stiche in derselben Richtung kreuzen.

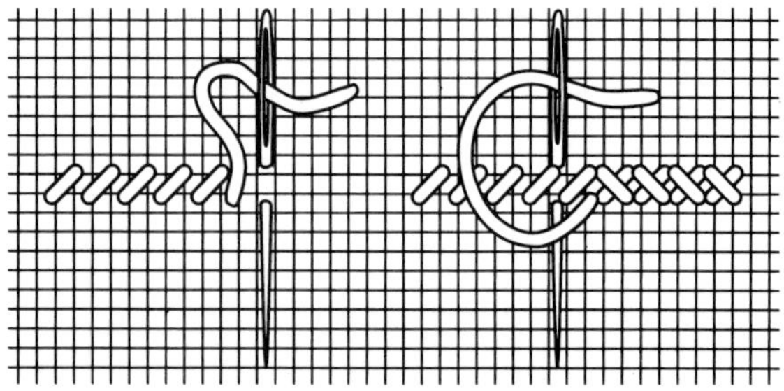

Bei diagonal verlaufenden Reihen arbeiten Sie von oben nach unten und stellen jeden Kreuzstich einzeln fertig, ehe Sie den nächsten sticken. Beginnen Sie jede Stickarbeit in der Mitte und arbeiten Sie von innen nach außen. Damit stellen Sie sicher, daß das Motiv in der Mitte des Stoffes sitzt.

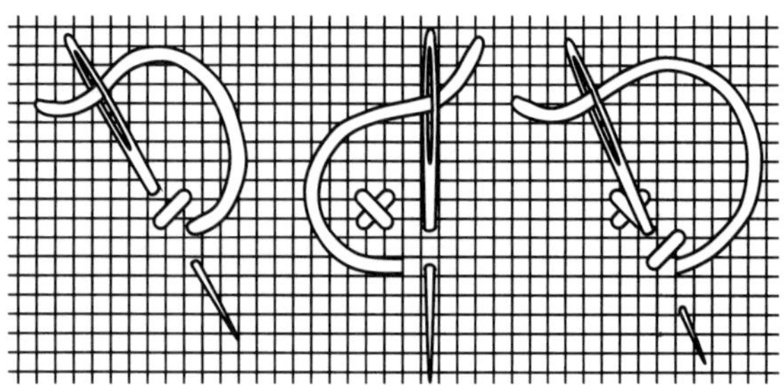

## Dreiviertelstich

Zum Abrunden scharfer Kanten und Herstellen sanfter Bögen wird der Dreiviertelstich verwendet. Im Zählmuster wird dieser Stich mit einem Symbol dargestellt, das nur die Hälfte des Quadrats bedeckt, und eine diagonale Linie zeigt an, in welchem Teil des Quadrats der Stich liegt. Ein Stich wird diagonal in der gleichen Richtung wie im Zählmuster angelegt, und ein weiterer halber Stich wird von einer der beiden äußeren Ecken zur Mitte hin gestickt. Dadurch wird die im Zählmuster gekennzeichnete Hälfte des Quadrats gefüllt. Durch zu viele Dreiviertelstiche wird ein Muster kompliziert zu sticken; sie sollten daher nur vorsichtig verwendet werden.

## Rückstich

Mit Rückstichen wird eine Linie betont oder ein Detail des Entwurfs gestickt. Die Stiche werden als fortgesetzte Linie parallel oder diagonal zu den Fäden des Materials angelegt.
Ziehen Sie die Nadel von der Rückseite nach oben durch und führen Sie sie eine Stichlänge hinter der Einstichstelle wieder nach unten. Von hinten ziehen Sie sie eine Stichlänge weiter wieder nach vorne hoch.

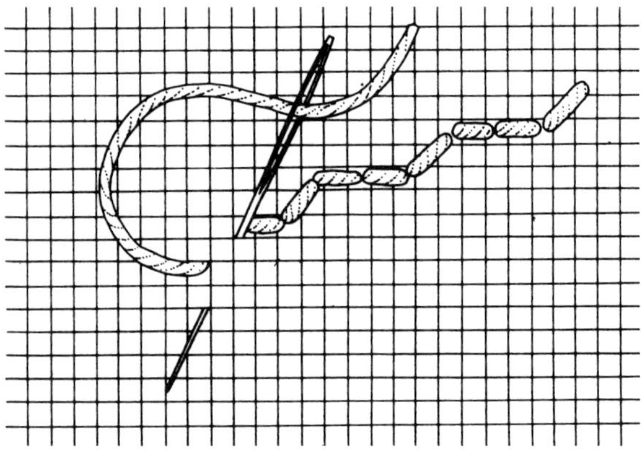

# *Danksagung*

Ich möchte meiner Mutter, Violet Watts, danken, die mit so viel Geduld die Stickereien dieses Buchs fertiggestellt und weiterverarbeitet hat. Daneben gilt mein Dank Betty Haste, die mir bei den Entwürfen behilflich war, die Aquarelle für den Kissenbezug mit Pilzen und für die Blumenmotive angelegt hat und mich auch während der gesamten Zeit des Schreibens unterstützte.
Dank geht auch an MacGregor Designs in Burton-on-Trent, die mir großzügig den Kaminschirm im Blumenkapitel schenkten, und an Jane und Bill Greenoff von The Inglestone Collection, die mir die Uhr für den Vogelentwurf überließen.
Dank sagen möchte ich auch Jacqueline Kreinik für ihr Interesse an meiner Arbeit und dafür, daß sie mir so großzügig die gesamte Auswahl an Kreinik Metallfäden sowie die Seidengaze für den Beerenentwurf zur Verfügung stellte.
Ich danke Coats Paton Crafts in Darlington für ein komplettes Anchor Garnsortiment.
Auch Adele Bates von Barnyarns schulde ich Dank für Ihre Unterstützung und Ermutigung und für Informationen über Dänisches Blumengarn und die Dänische Kunsthandwerksvereinigung.
Besonderer Dank geht an Pauline und Anne vom Kaleidoscope Handarbeitsgeschäft, The Square, Codsall, Staffordshire, die die Entwicklung dieses Buchs mit so viel Interesse verfolgt haben, und mir mit praktischem Rat und Vorschlägen immer hilfreich zur Seite standen.
Und schließlich möchte ich mich auch bei Freunden und Nachbarn für ihr Verständnis bedanken, als ich zwischenzeitlich durch die Arbeit am Buch für Monate verschollen war. Das hat mir viel Mut und Kraft gegeben.

---

**Bezugsquellen**
Zählstoffe, Nadeln und Garne erhalten Sie in allen Handarbeitsfachgeschäften. Die Hersteller nennen Ihnen gerne Händler in Ihrer Nähe, wenn Sie Ihrer Anfrage einen frankierten Rückumschlag beilegen.

DMC-Garn:
Bremer Tapisserie Werkstätten
Heinz Siebert GmbH & Co. KG
Stader Landstraße 41
28719 Bremen

Anchor-Garn:
Coats Mez GmbH
Kaiserstraße 1
79341 Kenzingen

Zählstoffe:
Zweigart & Sawitzki
Postfach 120
71043 Sindelfingen

Grußkarten etc.:
Framecraft Deutschland
Hannelore Kopp
Bayerischer Platz 7
10779 Berlin

Die Fotografin dankt folgenden Personen, die Haus und Garten für Arrangements zur Verfügung gestellt haben:
The Dining Room Shop, Capt H. Birkbeck,
Mr & Mrs M. Mason, Mr G. Mead, Mr & Mrs B. Murray Cox
und Mr & Mrs M. Sharland.